Archeologia e natura
nella baia di Napoli

a cura di
Annamaria Ciarallo

«L'ERMA» di BRETSCHNEIDER

Archeologia e natura nella baia di Napoli

a cura di
Annamaria Ciarallo

ISBN 978-88-8265-548-8

Referenze fotografiche
Le litografie sono tratte da: P. Panvini, *Il Forestiere*; AA.VV. *Napoli e i luoghi celebri delle sue vicinanze*; A. Gigante (pp. 7 e 57). I disegni naturalistici sono stati rielaborati da A. Ciarallo.

In copertina:
Ruines d'anciens èdifices, appelès ècole de Virgile
(*guache* di Friedrich Salathè, Napoli, collezione privata).

SOMMARIO

PREFAZIONE

Gli antichi monumenti, nel loro stato di rovine, hanno dato opportunità alla vegetazione spontanea di crescere, così da comporre un bizzarro ibrido tra natura e cultura. Quanto una tale situazione abbia fornito spunti al sentimento romantico è ben noto a tutti. Ma è altrettanto noto come natura e cultura, per essa sommariamente intendendo le attività dell'uomo, costituiscono due categorie intimamente differenti fra loro, talvolta addirittura contrastanti.

La maturazione della sensibilità generale e della tecnica gestionale delle aree archeologiche hanno condotto a modi di contemperamento delle due categorie: così che la natura, nel suo rigoglio, non provochi danni alla conservazione delle opere dell'uomo; e che queste non distruggano quanto la natura, al loro intorno, ha prodotto.

La cultura, cioè l'attività umana, in quanto categoria razionale, assume su di sé un doppio compito: conservare quanto l'uomo ha in precedenza prodotto; conservare quanto la natura continua a produrre.

Anche perché le aree archeologiche, sottoposte a controlli, hanno permesso la conservazione di habitat che il generale sfruttamento del territorio, talvolta condotto senza tener conto né di cautele né di vincoli, ha spesso distrutto, irrimediabilmente, condizioni naturali favorevoli alla perpetuazione di specie animali e vegetali.

Nel rivendicare una ricaduta naturalistica e ambientale al nostro lavoro istituzionale di conservatori delle opere umane del passato, siamo lieti di presentare al pubblico questa ulteriore attività svolta grazie alla collaborazione della Regione Campania

PIETRO GIOVANNI GUZZO

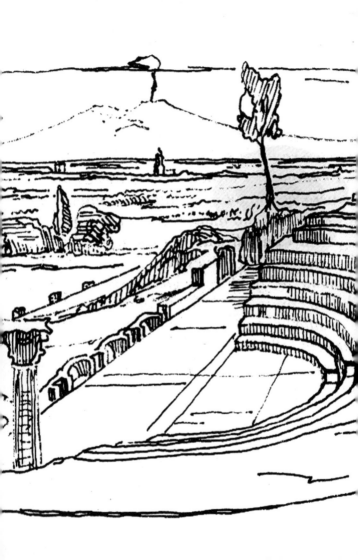

PREMESSA

La letteratura sui luoghi celebri che si affacciano sul Golfo di Napoli è infinita: cominciata in epoca classica, ha attraversato i secoli – particolarmente feconda è stata la narrativa di viaggio tra il XVII e il XIX secolo – per arrivare agli anni '60, se si vuole porre il Viaggio in Italia di Piovene come ultima opera di genere di grande respiro.

Scegliere, pertanto dei brani che illustrassero questo percorso, seppure a partire dal 1700, per dare un periodo temporale definito, è impresa non solo titanica, ma alla fine certamente incompleta: si è preferito, allora, puntare su brani poco noti, anche se certamente non lo sono gli Autori, che li hanno scritti, che in qualche modo tengano conto del rapporto tra archeologia e natura. Rapporto che qualche volta si sofferma più sugli aspetti geologici, talaltra su quelli botanici, ma che mette al centro della descrizione questo particolare connubio.

Volutamente si è lasciato in sordina la letteratura relativa a Pompei ed Ercolano, preferendo lasciare spazio ai cosiddetti siti minori, per usare una brutta espressione burocratica.

Lo spazio maggiore lo si è lasciato ad alcune opere e/o Autori: alla guida, poco nota, regalata ai partecipanti del Congresso degli Scienziati Italiani, che si tenne a Napoli nel 1845, quindi negli ultimi anni del Regno Borbonico, per motivi eminentemente politici, essendovi la necessità di mostrare agli "stranieri", che il Regno era stabile e democratico. La

7

guida fu scritta a più mani e la parte storica fu affidata a Bernardo Quaranta e Carlo Bonucci, che nelle loro descrizioni tennero conto delle esigenze dei lettori, cui era destinata.

A Michele Tenore, botanico e fondatore dell'Orto botanico di Napoli, che nei sui giri per le contrade del Regno preferiva viaggiare con un archeologo e un geologo, anche se soffriva un po' del fatto che le scoperte archeologiche venivano meglio divulgate.

Ad Amedeo Maiuri, per l'appassionata descrizione generale dei luoghi, ma anche per la percezione della devastazione degli stessi – ci si riferisce soprattutto ai Campi Flegrei -, che già sentiva nell'aria.

A Guido Piovene, che nel suo *Viaggio in Italia* ha seguito, seppure in chiave ovviamente moderna, gli schemi narrativi della letteratura di viaggio dei protagonisti del Grand Tour, in particolare di Goethe e di Stendhal.

Ci sono apparsi particolarmente curiosi l'interpretazione del Serapeo come edificio termale a fini curativi in voga nell''800, le colorite descrizioni di Gregorovius sulla vita degli imperatori a Capri, la bella leggenda raccolta da B. Croce e pubblicata in un testo poco noto del filosofo.

Le pagine antologiche sono precedute (in carattere più piccolo nel testo) da note moderne di inquadramento. Il golfo è stato diviso pertanto in tre settori omogenei dal punto di vista naturalistico: i Campi Flegrei, la piana vesuviana e il complesso sorrentino-caprese. Nell'ambito di ciascun settore sono inserite le note archeologiche moderne e le pagine antologiche dei relativi siti: queste ultime mancano ovviamente nel caso di Oplontis.

***

La baia di Napoli

A. Maiuri, da *Itinerario Flegreo*, pp. 31-32

Funzione profondamente diversa ebbero, rispetto all'antico, le due riviere di levante e di ponente. A levante Ercolano, Pompei, Stabia non ebbero alcuna parte predominante negli eventi storici della Campania e s'illuminarono solo delle drammatiche vicende della guerra sociale, l'ultima ribellione degli Italici a Roma; Sorrento, famosa per i suoi scomparsi santuari delle Sirene e di Athena, ebbe nell'impero una corona di ville intorno all'orlo della sua terrazza tufacea; Capri, tolta dalla sua beata solitudine solare, diventa residenza imperiale e volontario esilio di Tiberio. Tutta la riviera di ponente è invece satura di storia: Cuma, la più importante colonia greca del Tirreno, capitale di un impero marittimo, destinata a contrastare agli Etruschi il predominio della Campania, città santa dell'oracolo e mediatrice, con Virgilio, tra l'Oriente e Roma; Pozzuoli, primo grande porto marittimo della Campania e di Roma; Miseno base navale dell'impero; Baia sobborgo balneare di Roma con le sue ville, le sue Terme spettacolari, i suoi palazzi imperiali.

E diversi sono gli attori del grande scenario antico ai due lati del golfo. Dalle case e dai Fori di Ercolano e Pompei non emergono figure di storico rilievo: è un'aurea mediocrità provinciale di nobilucci, di borghesi e di popolani che proprio per questo sentiamo umanamente vivi e cordiali. Le poche ore che Cicerone trascorre nella sua villa pompeiana, fra l'angoscia delle più gravi perplessità politiche, la dedica a un oscuro suo amico di Stabia. A qual Marco Mario che, uomo di fine gusto e di lettere, schivo e permeato di sottile ironia per l'ampollosa boria della gente di paese e per le debolezze del suo grande amico, molto rassomiglia a quei gentiluomini di campagna che, ancora nell'ottocento, erano così frequenti nella buona borghesia napoletana. Così intorno al tremendo dramma del Vesuvio, grandeggia, fra le tenebre apocalittiche dell'eruzione, il solo Plinio navarca e naturalista, morto in mezzo a una calca fuggente sul lido di Stabia.

Al contrario, sul lido flegreo, è una costellazione di nomi, di eventi e convegni politi tra i grandi d'allora. Convegno a Nisida fra Bruto e Cicerone; convegno a Miseno fra Ottaviano, Sesto Pompeo e Lepido; incontro di Cesare con Cicerone. Si respirava in quei luoghi aria di grandezza e discutendo del destino della repubblica, si sentiva il respiro stesso di Roma.

Tra il golfo di Napoli e il golfo di Pozzuoli, formanti il *sinus Cumanus*, una via diretta di comunicazione fu un tempo pre-clusa dalla lunga distesa della collina del *Pausylipon* che formò una verde e dolce barriera fra le due cavità rivali. Furono i Ro-mani i primi a perforare la collina con una di quelle gallerie (la *Crypta Neapolitana*) che costituiscono uno dei più arditi e geniali espedienti dell'ingegneria viaria romana nei colli della regione flegrea, dovuti non solo alla bravura di un architetto, di quel *Lucius Cocceius* a cui si debbono le maggiori e più ardite opere militari della regione d'Averno e di Cuma, ma alla bravura al-tresì delle maestranze napoletane che, a forza di cunei, mazze e picconi, usarono, fin dall'impianto della loro città, incavare e ta-gliare nelle pareti di tenero tufi vulcanico abitazioni e sepolcri.

La *Crypta neapolitana*, abbassata e allargata da un viceré spagnuolo, costituì, fino a quasi tutto il secolo scorso, il traforo di confine fra i due golfi; diventerà la "Grotta" per antonomasia e una festa di Saturnali, la festa di Piedigrotta, discende chissà per quali misteriosi rivi della tradizione popolare, dalla quale via sotterranea collegava improvvisamente due regioni vicine e pure così separate da loro.

Non era una via troppo comoda quel lungo e stretto fornice oscuro, percorso da carriaggi, rintronati dalle grida dei mulattieri, reso irrespirabile dal denso polverume che vi si sollevava e vi ristagnava; e Seneca ce ne ha lasciato un'immagine assai poco allettante in una delle sue epistole ove, a considerazioni morali, si alternano descrizioni fresche e vive del paesaggio campano. Ma quel buio traforo così come ci appare in alcune belle incisioni, era il più acconcio ingresso per passare dal sereno lido di Mergellina e dalle aperte riviere di Chiaia al misterioso mondo cumano. E sulla soglia di quello speco tenebroso, in alto, simile più a un tumulo eroico che a un comune mausoleo, s'innalza il sepolcro che la tradizione umanistica napoletana e il geloso amore di Napoli hanno consacrato a Virgilio. Da quel vuoto tumulo e da quello speco inaccessibile comincia ancor oggi, con la guida di Virgilio, l'itinerario flegreo.

I CAMPI FLEGREI

Note naturalistiche

Dal punto di vista geologico il territorio flegreo, caratterizzato dai caratteristici tufi gialli, comprende anche il territorio napoletano.

Gli eventi di natura vulcanica che hanno modellato il territorio formando una serie di crateri, alcuni dei quali ancora attivi come quello della Solfatara, sono all'origine anche dei fenomeni del bradisismo e del termalismo che lo caratterizzano e che hanno reso celebri questi luoghi nei secoli.

Il bradisismo, cioè il temporaneo abbassarsi o innalzarsi del suolo in rapporto all'attività vulcanica del sottostante bacino magmatico, ha reso celebre il Serapeo di Pozzuoli dal momento della sua riscoperta avvenuta nella seconda metà del '700, mentre il termalismo caratterizzato dalla presenza non solo di vapori, ma anche di acque e fanghi caldi e ricchi di minerali, già dall'epoca romana e per moltissimi secoli ancora ha dato fama ai luoghi in campo medico.

Il clima del territorio flegreo è tipicamente mediterraneo, ma per la particolare morfologia dei luoghi è caratterizzato da un alto tasso di umidità e ciò contribuisce a caratterizzarne la vegetazione.

In epoca romana il territorio flegreo era famoso perché ricoperto da celebri selve, come la *"Silva Gallinaria"*, foresta sempreverde frammista a pini secondo la testimonianza di Giovenale, ricordata anche da Cicerone, che avviluppava l'acropoli di Cuma e la densissima foresta dell'Averno.

La specie dominante era costituita dal leccio (*Quercus ilex*), che probabilmente riusciva a raggiungere i 15-18 m, massima altezza per la specie: dai lembi relitti che si sono conservati e secondo la dinamica dello sviluppo tipica della lecceta possiamo pensare che ad esse si accompagnavano la roverella (*Quercus pubescens*), l'acero minore (*Acer monspessulanum*). Al di sotto corbezzoli (*Arbutus unedo*), fillirea (*Phillyrea media*), alterno (*Rhamnus alaternus*), viburno (*Viburnum tinus*), pungitopi (*Ruscus aculeatus*), avviluppati da piante lianose come il tamaro (*Tamus communis*), le clematidi (*Clematis* sp.), il caprifoglio (*Lonicera* sp.)

a formare un groviglio inestricabile, che impediva alla luce di penetrare fino al suolo, ricoperto solo da edere (*Hedera helix*) che risalivano lungo i tronchi, che lasciavano spazio alla fioritura di specie annuali solamente nelle radure. Tra le leccete e il mare, sulle dune consolidate, si allungava la macchia ad orlare le spiagge disseminate di ruchette marine, pancrazi, margherite delle sabbie.

Seppure oggetto di sfruttamento nel corso dei secoli, pare che queste foreste si siano mantenute pressocché intatte fino alla prima metà del 1600: nel 1921, quando fu condotto da Nicola Terracciano un esteso studio botanico, ancora un quarto del territorio flegreo era ricoperto da vegetazione spontanea, che si è rapidamente impoverito fin quasi a scomparire del tutto.

Attualmente, nei tratti relitti meglio conservati, la lecceta si è trasformata in macchia alta dalla caratteristica forma "a bandiera" modellata dai venti dominanti, con esemplari che raramente superano gli 8-10m. cui si accompagnano l'erica (*Erica arborea*), la fillirea, il lentisco (*Pistacia lentiscus*), il mirto (*Myrtus communis*), il corbezzolo e grandi distese di pungitopo, soprattutto nei tratti in cui il sottobosco è curato: in alcuni tratti, soprattutto ai piedi della rocca di Cuma, si formano ancora dei piccoli stagni effimeri, luogo di elezione per gli uccelli di passo, ai cui margini fioriscono gli iris (*Iris pseudoacorus*) d'acqua. La vegetazione palustre comprende anche la tifa (*Thypha latifolia*), la cannuccia di palude (*Phragmites australis*), il giunco fiorito (*Butomus umbellatus*), la carice (*Carex riparia*), la salciarella (*Lythrum salicaria*) e la menta acquatica (*Mentha aquatica*).

Lungo la spiaggia le piccole dune dalla caratteristica forma a cuscinetto ricoperte dalla tipica vegetazione costituita da ruchetta marina, cedono il passo ai cordoni dunali consolidati ricoperti da una intricata macchia bassa costituita da mirto, lentisco, cisti, timale (*Cneoreum tricoccum*) e ginepro coccolone (*Juniperus oxycedrus*), mentre sulle rupi marittime fioriscono le ginestre (*Spartium junceum*) e le artemisie (*Artemisia arborescens*).

***

M. Tenore, *Ragguagli di alcune peregrinazioni effettuate in diversi luoghi delle Provincie di Napoli e di Terra di Lavoro, nella primavera e nell'estate del 1832:Gite diverse sulle coste della riviera occidentale del Golfo di Napoli e luoghi attigui*, IV p. 185.

Le contrade che possono perlustrarsi in questa riviera interessano i naturalisti del pari e gli archeologi, non che quanti sono amatori del bello e del sublime. Sono esse, in effetti, che non solo di rare piante si veggono e di curiosi fisici fenomeni abbondano; ma ad ogni passo l'osservatore che le percorre, impresse vi scorge le memorie del più potente popolo di cui la storia ne abbaia mai trasmesso le gesta, e che la sede ne fece delle sue delizie, e vi collocò il soggiorno stesso degli Elisî.

Superfluo di certo e fuor di luogo sarebbe il ripeterne con rozzi periodi, ciò che le tante volte colle più eloquenti frasi n'è stato scritto; e solo mi permetterò di porre innanzi un mio pensiero, perché se ne possa un giorno pubblicare alcun itinerario, che alle cose archeologiche di già così maestrevolmente discorse in quanti ne esistono, accoppiasse benanco una giudiziosa descrizione delle cose fisiche che que' luoghi medesimi ne offrono, e per le quali meglio forse potrebbero impiegarsi alcune delle molte pagine che, a trascriverne le numerose lapidi ed a discuterne le opinioni, vi si veggono tuttogiorno consacrate.

Neppur è mio pensiero di qui fermarmi a riferire le osservazioni che intorno a quelle fisiche curiosità con molti anni di assidue ricerche ne ho raccolte; di già diverse avendone messe a stampa in altro analogo lavoro, che il pubblico a degnato accoglierne con particolare indulgenza. Mi applicherò quindi ne' seguenti a segnalare le cose più importanti alle quali il botanico ed il naturalista all'archeologo accompagnandosi, queste amene contrade percorrendo, potranno rivolgere la loro attenzione.

AA.VV., *Napoli e i luoghi celebri delle sue vicinanze*, vol. II, p. 450
Nella gran pianura ricoverta di lentisco, e di pini, che da Patria si estende al Volturno, ma detta *silva gallinaria*, o *gallinaria pinus*. Anche ora le galline selvagge e le anitre vi giungono nelle loro annuali emigrazioni da' lidi lontani, e vi si trattengono lungamente in quel litorale palustre. Di la' i Romani traevano il legname per le loro flotte; e colà i pirati costruirono i loro navigli, e mossero con Sesto Pompeo alla conquista del mediterraneo.

Maiuri, *Itinerario Flegreo*, pp. 29-31

Della gran fiumana di visitatori che vengono a Napoli, attratti i più da Pompei, Sorrento e Capri, appena qualche rivolo si disperde tra le amenissime rive di Pozzuoli, Baia, Miseno e Cuma. Eppure il turismo napoletano ha, si può dire, la sua origine sul litorale flegreo, quando, sepolte ancora Pompei ed Ercolano e avvolta ancora Capri nella solitudine delle sue rocce, viaggiatori poeti ed eruditi dal rinascimento al primo ottocento, non mancavano di associare al loro viaggio a Napoli la visita alle antichità e alle curiosità del golfo di Pozzuoli. I più accreditati "Ciceroni" e "domestici di piazza" guidavano con molta estrosa fantasia e molta disinvoltura i più bei nomi dell'aristocrazia europea delle lettere e delle arti a traverso la grotta dell'Averno, le sale pantanose delle Terme baiane e i sotterranei ancora interrati dell'Anfiteatro puteolano; il fumo delle torce giovava non poco all'effetto tenebroso di quella visione, e dava il meritato credito al paese dei Cimmeri abitatori di caverne. I dotti napoletani e puteolani non mancavano dal canto loro di studiare e di illustrare le antichità flegree con un impegno non minore di cui gli Accademici ercolanesi, agli stipendi di Carlo di Borbone, illustravano le antichità di Ercolano di Stabia e Pompei.

Ma Pompei ed Ercolano con la loro miracolosa sopravvivenza di città sotto la cenere del Vesuvio, han fatto dimenticare quella che fu la grande zona storica della Campania antica, la vera culla di Napoli, e quelli che gli antichi chiamarono *Campi Phlegraei* perché combusti e ribollenti del fuoco sotterraneo della terra. Anche il Vesuvio, con i suoi incendi periodici, le sue colate di lava e le fumate, ha contribuito a far dimenticare l'Epomèo spento e la fungaia di crateri disseminati tutt'intorno al golfo puteolano (Agnano, gli Astroni, l'Aveno, Baia e la Conca di Quarto), che un tempo avevano fiammeggiato tra le acque e le selve. L'accensione di Monte Nuovo che, in tre giorni del 1538, ingoiò buona parte delle acque del Lucrino, il villaggio di Tripergole e quel che restava di una famosa villa di Cicerone, l'*Academia*, fu una clamorosa ma effimera effervescenza di vita. Il cratere di Agnano è diventato una delle più belle piste d'ippodromo d'Italia e, tra il brivido delle corse e delle scommesse, nessuno pensa più al crudele esperimento delle "Grotta del cane", alle esalazioni metifiche della camera della morte, per il gusto del forastiero curioso ed erudito. Cossicché oggi non resta che la Solfatara con i suoi spruzzi di fango e il soffio infuocato delle sabbie a mantenere un po' di credito alla terra di Flegetonte e d'Acheronte.

Ma per tutto il medioevo e fino almeno al secolo XVII, era rimasto al litorale flegreo il privilegio incontestato delle cure termali di acque, di fango, di vapore. Nel calidario dell'antica Terma di Agnano prendeva ancora i suoi bagni ad uso romano, nell'età di Teodorico, il vescovo Sangermano di Capua; tra il Lago Lucrino e Baia trascorreva gli ozi estivi la corte aragonese e Boccaccio, preso dalla passione e dalla gelosia per la bella e sensuale Fiammetta, ripeteva la stessa imprecazione che Properzio, preso dalla passione e dalla gelosia per Cynthia, lanciava contro le acque di Baia; a Pozzuoli i poveri si bagnavano nelle antiche *tabernae* del Mercato romano (*macellum*) trasformate in cabine termali; sicché, si narra, i medici della Scuola

Salernitana, invidiosi della concorrenza che le acque e le stufe di Baia facevano ai precetti del *Regimen sanitatis*, avrebbero fatto una spedizione punitiva contro quegli impianti termali, sconvolgendo e distruggendo sorgenti di acqua e di vapore.

Ma più dei medici salernitani, a togliere ai Campi Flegrei il privilegio di essere il più gran bollitoio naturale per i tristi malanni della vecchiaia, sopravvenne un nemico più insidioso ed implacabile: il lento abbassarsi del suolo nel grembo delle acque, interrotto da brevi o lunghe pause di sollevamento, il bradisismo, un terremoto impercettibile che si può misurare in centimetri o in frazioni di centimetro all'anno. A causa d'esso fonti e vapori bollenti scaturenti dal piede delle colline sprofondarono lentamente sotterra, si occlusero dopo qualche gorgoglio nelle acque o suggellarono nel terreno. E Baia vide lentamente affondare prima i moli, le piscine, i bacini artificiali, e poi le immense sale termali con le pareti e le volte incrostate di marmi e mosaici tra una selva di statue.

Il paesaggio, alterato dalle forze lente o convulse del sottosuolo, martoriato dalle crudeli ferite delle cave di pozzolana o, peggio ancora, contaminato dall'industria metallurgica che ha prescelto per i suoi cantieri e le sue ciminiere il più dolce lido d'Italia, conserva ancora il poetico colore, il suo misterioso incanto, sicché per di vederlo sempre o a traverso le belle stampe che ce ne tramandano l'immagine fresca e incontaminata, o le vedute deliziosamente arcadiche dei pittori dell'ottocento che s'ispirarono più al paesaggio flegreo che a quello vesuviano.

Sembra che il maggior travaglio della terra in bollore abbia dato a questi luoghi una varietà e una ricchezza smisurata: poggi sereni densi di vigne come selve e crateri combusti; chiare marine e acque tenebrose; aperti orizzonti e caverne

misteriose e, dopo le rumorose case degli uomini, la solitudine del lido di Cuma che sembra debba ancora accogliere la
nave di Enea per il suo viaggio di avventura e d'oltretomba.

**

Cuma

Sul Monte di Cuma, un'altura di 90 m circa s.l.m., che interrompe a
sud il basso litorale domizio già nell'Età del Bronzo e poi in quella del
Ferro, fu fondata da Greci dell'isola Eubea, nel 750/730 a.C Cuma (in
Greco *Kyme*, in Latino *Cumae*), la più antica e più settentrionale colonia
della Magna Grecia.

Il mito della fondazione di Cuma racconta che i coloni, condotti da
Ippocle e Megastene, avanzarono seguendo una colomba o un fragore
di cembali, guidati dal dio Apollo, simbolo dell'eterno corso del sole da
Oriente a Occidente. Il luogo prescelto offriva: una collina naturalmente munita, destinata ad acropoli; suolo fertile, adatto sia ad abitato, che
ad agricoltura e allevamento di animali; un porto, probabilmente situato nel bonificato Lago di Licola a nord della città, e altri bacini, rade
e approdi, posti lungo il *Sinus Cumanus*, quali Miseno, Baia, Pozzuoli,
Pizzofalcone a Napoli, Ercolano, chiuso a sud dall'isola di Capri e a
nord da quelle flegree di Procida e Ischia. Ciò favorì la prosperità della
nuova *polis* (città stato), la sua espansione e il controllo territoriale sul
Golfo, mediante la presenza di subcolonie: *Dikaiarcheia/Puteoli*, fondata
nel 531 a.C.; *Parthenopes*, fondata tra la fine VII-inizi VI a.C., e *Neapolis*,
fondata nel 470 a.C.. Ne sono segno positivo i vittoriosi scontri per terra
e per mare dei Cumani contro gli Etruschi, la realizzazione del Santuario di Apollo e del "Tempio di Giove" sull'acropoli, e opere di bonifica sul territorio ai tempi del tiranno Aristodemo (505-490 a.C. circa),
quando Cuma raggiunse l'apogeo, trasmettendo sistemi urbanistici e
architettonici greci ai popoli campani, oltre a culti e prodotti artigianali,
e lo stesso alfabeto, diffuso ai popoli italici e anche a Roma.

Presa nel 421 a.C. dai Campani, di etnia osco-sannita, Cuma

cessò di esistere non solo come entità politica autonoma, ma anche come scalo marittimo, mentre *Neapolis* rimase l'unico centro di grecità. Risalgono però a tale periodo la regolare urbanizzazione della città bassa, col tempio italico su podio, poi *Capitolium* romano, il Ginnasio, poi Terme Centrali, la Tomba "a tholos" nell'area delle necropoli, e le nuove opere difensive all'acropoli, quali le mura e il cosiddetto "Antro della Sibilla", galleria militare antemurale di difesa, realizzata forse quando Cuma, alleata di Roma, nel 334 a.C. divenne parte dello stato romano.

Il rapido processo di romanizzazione e il lungo dominio dell'Urbe, cui Cuma fu sempre fedele, adottandone anche la lingua negli atti ufficiali sin dal 180 a.C., è testimoniato da moltissimi monumenti: quelli dell'acropoli (mura, Torre "Bizantina", Tempio di Apollo, Tempio "di Giove", "Via Sacra"); del Foro (portici, *Capitolium*, Tempio con portico, Aula Sillana/basilica, *tabernae*); della città bassa (Terme del Foro, tempio della "Masseria del Gigante", Terme Centrali, imbocco meridionale della cloaca urbana); le gallerie artificiali d'origine militare, connesse al *Portus Iulius* sui laghi Averno e Lucrino e alle guerre civili (Crypta Romana, "Grotta di Cocceio"); nel suburbio meridionale l'anfiteatro; in quello settentrionale i mausolei della necropoli e la *Via Domitiana*; a est l'"Arco Felice". Alla realtà urbana si aggiungono i resti delle ville suburbane, sparse sulle colline, e di altre marittime, sul litorale antistante la città, tra cui quella relativa al cosiddetto "Tempio di Iside", e sul Lago Fusaro, mitica *Acherusia Palus*.

La città raggiunse la massima espansione edilizia nel II d.C., ma appare ancora vitale in età tardo antica. Nel VI d.C., teatro delle guerre combattute tra Bizantini e Ostrogoti per il possesso dell'Italia, Cuma si ridusse al solo *castrum* (borgo fortificato) sull'acropoli, con cui finì con l'identificarsi, soprattutto dopo la definitiva distruzione nel 1207 da parte di Napoli, per essere divenuta pericoloso covo di pirati e predoni. Da questo periodo in poi si compì la progressiva destrutturazione del sito antico, divenuto impraticabile per il suo impaludamento, mentre pochissimi resti della città, da sempre localizzata, rimasero a vista, in aggiunta ai versi dell'Eneide di Virgilio, che contribuirono a tenerne desta memoria e fama. Divenuta, insieme alle circostanti aree dei laghi Fusaro e di Licola, sito di caccia delle varie dinastie regnanti su Napoli, a Cuma furono compiute progressive opere di bonifica, che portarono alla "ricolonizzazione" del sito nel XVIII sec. con presenza di masserie in pianura e sui rilievi. Le ricerche archeologiche, invece, iniziate nel XVII sec., si interruppero nel XVIII a vantaggio di quelle più proficue

nelle città vesuviane. Ripresero, tuttavia, in diversi periodi dell'Otto-cento e Novecento, rimanendo però a lungo allo stato di emergenza, fino alla recente ripresa delle ricerche archeologiche programmate col Progetto "Kyme" (1994-97, 1999-2001, 2004-08), che gettano nuova luce sul passato della città, il cui Parco Archeologico è stato ampliato. In ogni caso, nonostante gli abusi edilizi, compiuti sul territorio dal II Dopoguerra a oggi, ciò che più affascina oggi il visitatore del sito ar-cheologico è proprio la stretta interazione tra archeologia, geologia e ambiente naturale, meglio apprezzabile nei panorami visibili dall'alto dell'acropoli sui lati nord, con presenza, in particolare, della *Silva Gal-linaria*, lecceta estesa tra litorale e bonificato lago di Licola, sud, con presenza di macchia mediterranea nell'area dunale e vista sul lago Fu-saro, ed est, con verde agricolo e spontaneo nella piana e sui rilievi, già sede dell'antica città, oltre che visitando lo stesso Parco Archeologico, i cui percorsi di visita, tra acropoli e città bassa si snodano attraverso monumenti immersi nel verde.

Paolo Caputo

***

P. Panvini, *Il Forestiere*, pp. 90-92

La guida che portavamo con noi ci fece conoscere, che dal lago di Averno si poteva andare alle antichità di Cuma per una stra-da al di sopra delle colline. Avendo noi dunque preso questo cammino non tanto agevole, dopo una mezz'ora discorrendo piacevolmente ci trovammo al desiato luogo.

Si può venire comodamente e con carrozza da Pozzuoli a Cuma per la strada diretta, che comincia alle falde orientali del Monte Nuovo, per dove passava una volta la *Domitiana*, secon-do la descrive Stazio. Questa antichissima città una delle più ce-lebri nella Campania era fabbricata sopra una isolata collina, che risulta di durissime lave a base di pietroselce con feldspato.

La sua fortificazione era così vantaggiosa, che poté resistere vigorosamente agli assalti de' popoli di Etruria, di Amilcare, di Annibale, e di altri potenti nemici. Parlano della sua antichità e della sua potenza per mare e per terra Strabone *lib. 5* Dioniso Alicarnasso *lib. 7* Tito Livio *lib. 8*, e tanti altri scrittori dell'antichità. La sua origine è greca. Vellejo Partecolo al capo I delle sue istorie, raccontando lo stabilimento de' Greci in varj paesi dopo la guerra di Troja, secondo la tradizione del sig. Giuseppe Boccanera dice, "che gli Ateniesi inciarono colonie a Calcide e a Eretria nell'isola Eubea ... e dopo qualche tempo i Calcidesi uciti dall'Attica guidati da Ippocle, e Megastene, fabbricarono Cuma in Italia"

Dunque i Calcidesi dell'isola Eubea furono i fondatori di questa città, lo chè viene anco assicurato da Strabone *lib. 5*; e la chiamarono Cuma per conservar la memoria di una città di tal nome, che avevano lasciato in Eubea, secondo l'opinione dell'istesso Strabone. Si conosce parimente che l'epoca della sua fondazione è posteriore alle rovine di Troja, e secondo Eusebio *chron p. 100.* si riduce a 131 anni dopo; sebbene vi fossero alcuni, i quali la credono molto anteriore col prelodato Strabone.

Questa famosa città, che per tanti anni si mantenne libera e indipendente, fu soggetta ai Romani verso l'anno 416 di Roma, e sotto l'impero di Augusto fu dichiarata colonia. Soffrì in seguito molte oppressioni dai Goti e dai Longobardi, e nel 1207 divenuta asilo degli assassini, e dei corsari, che infestarono il regno di Napoli, fu interamente destrutta, e oggi non si vedono che miserabili rottami seminati nel suolo. Ci ricorda ancora questa città la tirannia di Aristodemo, l'esilio, e la morte di Tarquinio Superbo, e gli oracoli e la tomba della Sibilla.

AA.VV., *Napoli e i luoghi celebri delle sue vicinanze*, vol. II,. pp. 446-450

Si sale sulla rocca di Cuma dalla parte meridionale, ove distendeasi l'abitato. Essa poggiava su di un sasso vulcanico tagliato naturalmente a picco, e che la rendeva inaccessibile negli altri tre lati. Si può distinguere la sua porta principale, le mura che circondano tutta l'acropoli sono assai ragguardevoli, e quasi intiere. Nella loro base si scorgono i grandi massi, con cui vennero costrutte dai Greci; ma nella parte fuori terra le pietre diminuiscono di volume, e rivelano il restauro romano, e quello fatto da Erasto prefetto di Giustiniano dopo la guerra de' Goti. Un largo burrone occupa una porzione dell'antico fossato.

Sulla piccola eminenza, che sorge isolata in mezzo alla rocca, si eleva il famoso *tempio di Apollo*. La sua architettura era dorica primitiva. Però non giunse fino a noi, che un sol capitello, e qualche tronco di colonna scannellata. Le sue fondamenta sono di larghe pietre, ma gli scarsi avanzi delle sue mura e de' suoi pilastri sono di mattoni, e di opera reticolata, restauro de' Romani. La sua estensione non era assai grande. Situato su di una punta della forma d'una piramide molto alta, doveva scorgersi a gran distanza, e assumere un aspetto magnifico ed imponente. – Dedalo piegando su quest'altura il suo volo, vi prese terra la prima volta, e dedicò le sua ali al Nume delle belle arti. Egli vi edificò il tempio, e scolpì sulle sue porte la morte di Androgeo, i miserandi amori di Pasifae, e le cieche ambagi del Labirinto di Creta. Ma volendo raffigurarvi la morte del suo diletto Icaro, lo scalpello gli cadde di mano e il pianto gli interruppe il lavoro.

Tre antri percorrono, l'uno sull'altro, ed in varie direzioni l'acropoli. Essi comunicavano con la rocca; vi si vede tutt'ora una delle scalinate segrete; gli aditi sotterranei a questi corridoi sono assai frequenti, e si succedono in breve distanza; servivano per introdurvi la luce e praticarvi le uscite.

Qui la Sibilla ebbe il suo *tempio*, il suo *soglio*, i suoi *oracoli*, i suoi *lavacri*, e il suo *sepolcro*.

La veduta che si gode dal tempio di Apollo è una delle più estese e singolari del mondo. A Cuma erano le *Ville* di Varrone, e di Seneca, che vi compose le sue *epistole*, e le *questioni naturali*; e quella di *Petronio*. La sua morte colà avvenuta, fu un'ironia verso Nerone, e come un'ultima festa per colui, che era stato l'*arbitro*, ed il *satirico* de'suoi piaceri.

...

Giunto di nuovo alla porta di Cuma, si osserva, fuori della città, il suo *anfiteatro* ricoverto di terreno e di alberi; e poscia i ruderi di un tempietto, ove si rinvennero nel 1859 gli avanzi di una scultura colossale, una statua togata, r di due donne, che ricordavano lo stile classico, ed il panneggio dell'*Aristide*.

G. Piovene, *Viaggio in Italia*, pp. 364- 365

Pompei borghese, provinciale e pettegola, Baia imperiale e aristocratica, nella parte più nobile della costa campana; un intelletto balzacchiano potrebbe comporre un quadro della vita sociale di Roma nelle varie categorie, classi alte e ceto medio, provincia e metropoli. Ma Cuma è diversa da tutto. Cuma è uno dei luoghi più alti del mondo; e se io dovessi indirizzare un visitatore affrettato a conoscere solo tre o quattro punti d'Italia, certo includerei Cuma. Si apre, poco a nord del lago Fusaro, questa semplice conca coperta di vigneti, in cui si penetra per un arco romano; nel fondo, sul mare, è l'Acropoli. I greci fondarono a Cuma, otto secoli avanti Cristo, una città fiorente, che dominò la vita di questo

lembo del Tirreno, sovrapponendosi ad un nucleo di indigeni. Si dice che di qui si sia diffuso l'alfabeto in Italia. E, come tutti sanno, Cuma era luogo sacro, devoto al culto della Sibilla cumana, ispirata da Apollo, che profetava dentro l'antro. È probabile che qui risplendesse il culto greco di Apollo, mentre la vicina Napoli era devota a quello più orientale della Sirena. Oggetto di culto ufficiale fino all'inizio dell'impero, la Sibilla continuò ad operare in sordina nei secoli dell'impero tardo. Non abbiamo testimonianze di quando l'ultima Sibilla sia morta senza erede. Ma forse a Cuma è bene fare il contrario che a Pompei, scordare ogni notizia e ricordare solo il grande canto di Virgilio, quando Enea giunge a questa spiaggia, e condotto nell'antro attraversa la fila di cento e cento porte, ode dalla sibilla la perfezione del suo destino e il futuro di Roma. Il tempo ha quasi cancellato a Cuma ciò che non fu sacro; la natura ha sommerso la vita effimera e pettegola, lasciando solamente quello da cui emanava il grande soffio oracolare. Dietro l'Acropoli, la conca solitaria e i vigneti; davanti una spianata solitaria fino alla spiaggia, In vetta all'Acropoli i ruderi di un tempio di Giove; poco più sotto i ruderi di un tempio più grande di Apollo, il nume dei responsi. L'antro della Sibilla, cuore della cittadella sacra, è a metà della costa. L'elce, la quercia, la ginestra, gli alberi del paesaggio antico, si frammischiano ai ruderi e ombreggiano l'entrata dell'antro. Si hanno ginestre centenarie, cresciute altissime, divenute grigiastre, anch'esse simili a Sibille, i cui fiori gialli risplendono come in una chioma canuta. Il fico d'india vi si insinua, sebbene ospite tardivo; Maiuri mi spiega che questo emblema della letteratura meridionale verista, inseparabile per noi dalle spiagge mediterranee, è di importazione di forse due secoli fa.

**

Il Castello di Baia

Sul finire del 1400 i sovrani aragonesi avviarono la costruzione di molte fortificazioni lungo i litorali dell'Italia Meridionale per difendere il regno dalle incursioni saracene e dagli eserciti stranieri, in particolare da quelli francesi guidati da Enrico VIII.

Il luogo per erigere il forte di Baia fu scelto, probabilmente già in epoca sveva e angioina, ma ne mancano le testimonianze, per la sua posizione dominante il golfo di Pozzuoli e il litorale flegreo fino a Cuma, nonchè per la notevole altezza e la forte pendenza del costone tufaceo, che rendeva difficile l'attacco sia via mare che via terra.

Dell'impianto originale rimane solo il Maschio: il forte infatti fu ripetutamente rimaneggiato già nei primi decenni del 1500, ad opera del Vicerè spagnolo Pedro di Toledo, che fece costruire torri e cortine murarie.

Nuovi interventi seguirono nei secoli successivi a corollario delle vicende storiche, che si susseguirono, fino al 1887, quando non ebbe più ragione d'essere la funzione del Castello posto a difesa del litorale flegreo.

Da quel momento cominciò un lento declino: passò da un Ministero all'altro, fin quando fu adibito a prigione militare durante la prima guerra mondiale e un decennio dopo ad Istituto per gli Orfani di Guerra, funzione, che mantenne fino al 1975 per poi essere passato alla Regione ed in ultimo alla Soprintendenza Archeologica per creare il Museo dei Campi Flegrei.

Durante i recenti lavori di restauro architettonico del Castello è stata scoperta una delle più imponenti *villae maritimae* di Baia: di essa erano note solo alcune strutture murarie inglobate nella fortezza e le peschiere sommerse nello specchio d'acqua antistante.

Attualmente è stato rimesso in luce il livello superiore tardo-repubblicano della villa, poi trasformato in epoca primo-imperiale in un settore residenziale, al quale conduceva un sistema di camminamenti (corridoio con ninfeo e rampa a tornanti) lungo il costone, che lo collegavano al sottostante quartiere marittimo.

La parte meglio conservata della fase tardo-repubblicana è costituita da un atrio tuscanico decorato con un articolato pavimentato a mosaico bianco con cornice nera, che al centro presentava un *opus sectile* che a sua volta probabilmente racchiudeva un emblema musivo. L'atrio si apriva su un *tablinum* con pavimento di tessere nere su fondo bianco che disegnavano un motivo a squame. Sull'atrio si affacciavano altri ambienti decorati anche essi di raffinati pavimenti in cocciopesto con inserti di diversi motivi realizzati con tessere bianche e nere.

I pavimenti delle quattro terrazze esterne erano egualmente in cocciopesto con motivi in calcari policromi: questo settore è tagliato dalle mura di prima età imperiale.

L'impianto più recente- probabilmente di età claudio-neroniana- è costituito da un salone a croce greca che negli angoli aveva altrettanti vani quadrati (*diaetae-piccole sale di soggiorno*), inaccessibili dal salone, ciascuno aperto sulla rispettiva terrazza esterna a seconda della stagione e del volgere del sole .

Il quartiere residenziale era collegato a quello marittimo da una monumentale rampa disposta a tornanti lungo il costone a mare.

È innegabile che la villa, sia nella fase tardo-repubblicana che in quella di prima età imperiale, si collochi ai vertici delle residenze rientranti nella tipologia delle *villae maritimae*, edificate tanto numerose nel golfo di Napoli e di Pozzuoli, per la bellezza dei luoghi, la salubrità del clima e, nel caso di Baia, per la presenza di sorgenti calde e vapori nel sottosuolo vulcanico, sfruttabili per le attività termali.

Le considerazioni fatte in occasione dello scavo della villa romana localizzata sull'altura del Parco Monumentale di Baia, che portarono all'ipotesi che essa fosse appartenuta a Cesare, calzano anche per la villa del Castello distante circa un km. Resta pertanto aperto il problema dell'attribuzione anche di quest'ultima, che,nel passare poi al demanio imperiale, fu ingrandita: nell'ultima fase appartenne probabilmente a Nerone. Il Museo dei Campi Flegrei, attualmente ospitato nel Castello, comprende diverse sezioni che si sviluppano nei diversi spazi del Castello: quella di Cuma e di *Puteoli*, che occupano le ex camerate, quella del Rione Terra ospitata nel salone, che affaccia sulla Piazza d'Armi, quella di *Liternum* nella polveriera, e quella di Baia nella villa romana rimessa in luce nel Maschio, cui si aggiungono, nella Torre, le sale dedicate al Ninfeo di Punta Epitaffio e al Sacello degli Augustali.

Paola Miniero

***

V. Denon, *Viaggio nel Regno di Napoli*, p. 110

Avvicinandoci a Baia trovammo grandi e lunghe sostruzioni, dove potremmo notare molto chiaramente degli archi costruiti dopo come sostegno di volte di epoca precedente. La parte più importante della zona è quella dove è costruito il castello, anticamente fortificato, ma la cui sola cosa terribile è per la guarnigione, a causa del cattivo odore che si respira per tutta l'estate: ecco perché gli ufficiali che la comandano sono molto spesso a Pozzuoli.

Si narra che nel sito di questo castello fosse costruita la casa di Pompeo; in fondo vi è un piccolo rialzo su di un'antica costruzione, che forse un tempo era un molo dove si ormeggiava il ponte della barca di Caligola. Sotto l'acqua si distingue molto chiaramente una grande costruzione nella direzione di Miseno e i pescatori affermano che essa era pavimentata come le antiche strade; probabilmente si trattava del sentiero che conduceva a Miseno, per il quale, a volte, si disputa nella storia, soprattutto a causa della tomba di Agrippina, che era situata lungo questo cammino e non nel punto dove si dice siano le rovine. Nei pressi del castello di Baia, si trova una montagna tutta di pozzolana, materiale oggetto di grande commercio per le costruzioni tanto che è ricercata da ogni parte d'Europa.

M. Tenore, *Ragguagli di alcune peregrinazioni effettuate in diversi luoghi delle Provincie di Napoli e di Terra di Lavoro, nella primavera e nell'estate del 1832. Gite diverse sulle coste della riviera occidentale del Golfo di Napoli e luoghi attigui: 11. Per terra a Pozzuoli ed al Monte Nuovo radendo il lido, indi a Baja, e per la Sella di Baja al Fusaro*, V, pp. 66-67.

Questa escursione, tuttoché faticosa, perché va fatta a piedi da Pozzuoli in poi, non è per ciò meno piacevole ed istruttiva delle precedenti. Vi allettano per essa dapprima i famosi ruderi di antichi edifizi, che lunghesso quell'esteso lido in parte sott'acqua, o presso le sponde, o in parte ai soprastanti colli addossati, l'epoca fortunata ne rammentano in tutto quel Golfo una sola continuazione presentava sontuose ville, di terme, di porti, di emporî e di opulenti città. Ad importanti osservazioni v'invitano le copiose sorgenti di acque termali, che fin presso il lido gorgogliano. In vari luoghi a soffermarvi vi piegano i diversi geologici fenomeni che per tutta quella volcanica regione si manifestano. Più di tutti tra questi a meditarli ne chiama il *Monte Nuovo*, in una sola spaventevole esplosione le viscere de' Campi Flegrei vomitano, dopo lunghi secoli di profondo riposo. Questo monte comecchè composto di sassi e di scorie incoerenti, col terriccio che il volgere degli anni operando la decomposizione de' sassi istessi e delle abbondanti lichenacee che li rivestono vi ha accumulato, vi fa di presente prosperare tal numero di rare piante, che difficilmente riuscirebbe procacciarsi d'altronde. Dal principio di marzo fino all'ottobre, il botanico che più volte dentro al mese si avviserà di ascenderlo, così ricca messe in ogni gita ne riporterà, da largamente compensargliene il fastidio. Le due varietà gialla e rossa dell'*Orchis pseudoscambucina* con tutte le tinte intermedie, le *Serapias lingua*, e la *S. cordigliera*, l'*Arundo ampelodesmos*, la *Lysimachia linum stellatum*, il *Senecio foeniculaceus*, l'*Airopsis pulchella*, la *Koeleria macilenta*, l'*Avena atheranta*, il *Daucus setulosus*, la *Festuca ramosa*, l'*Antyllis Barba-Iovis*, la *Daphne Gnidium*, l'*Arnopong Dalechempii*, la *Chironia marittima*, il *Beomice ragniferino* ne fanno i più cospicui onori; gran numero di leguminose e di geraniacee ne accrescono il treno; e fin nell'inoltrato autunno due varietà della *Spiranthes autumnalis* la *Thrincia tuberosa*, l'*Ophyoglossum lusitanicum* ne compiono la ricca serie. Ritornando sul lido, di altre piante l'osservatore farà raccolta non trovate in fiore nelle gite precedenti, tra le quali distinguerà una varietà dell'*Andropong hirtus*, che vi fiorisce nell'autunno, l'*Hedipnois tubaeformis*. Quindi procedendo verso Baja dalle rupi che sovrastano alle stufe di Nerone vedrà pendere la *Rubbia Bocconi*, la *Conyzia geminiflora* e la *Sinapis alba*, e così via facendo fin presso la *Sella* di Baja prolungherà le sue ricerche, al cui vertice pervenuto ne vedrà ornate le siepi dei verdeggianti festoni della *Vitis Labrusca*, che vi germoglia spontanea, e che nell'ottobre troverà carica di neri grappoli squisitissimi, dai quali in diversi luoghi del Regno si ottiene prezioso liquore dallo stesso nome di quel vitigno appellato, e che gareggiar puote con i più ricercati vini stranieri.

Infine, sulle stesse tracce andrà aggirandosi delle altre sue gite, e le sponde del lago, le macchie ed il lido nuovamente perlustrando, non mancherà di farvi raccolta di altre pregevoli fiorite piante.

AA. VV., *Napoli e i luoghi celebri delle sue vicinanze*, vol. II, pp. 452-453

Baia. Il suo soggiorno era l'emporio de' vizi. Gli imperadori vi si conferivano, e dividevano coi loro soggetti la smania d'ogni eccesso. Caligola vi approdava su di un vascello adorno di terme, di portici, e di giardini. Nerone imitò lo stesso esempio. Allorchè sulla trireme imperiale egli era a visita di Baia, miravansi tutte le rive del mare e de' laghi coverte di tende per banchettarvi, e il popolo fargli premurosi inviti a discendervi. Ei vi celebrò le feste in onore di Minerva.

Ma al cadere dell'impero, Baia si nascose tra le sue rovine; e la sua esistenza non limitossi, che al suo porto solitario e deserto. Malgrado ciò essa serbò sempre il suo aere pernicioso. Sotto gli angioini fu visitata due volte dal *Petrarca*, che andava in cerca delle ceneri di Scipione, l'eroe del suo poema dell'Affrica. Boccaccio vi si trattenne colla sua *Fiammetta*, figlia naturale del re Roberto. Baia era allora frequentata dalle festevoli brigate per la sua amenità, e pe' suoi bagni. Carlo II, Giovanna,e Ladislao vi ebbero una casina. Sotto Ferdinando I d'Aragona, che ne aveva un'altra a Miseno, i bagni minerali di Baia vi continuavano ad avere una meritata celebrità. Quelle nuove ville, e quelle rovine ricominciarono ad echeggiare di canti amorosi. Ne fa fede il Sannazaro nella sua *Arcadia*. E rilevasi dal Pontano, che in quei tempi Baia fu luogo frequentatissimo, e che vi conferivano le più vezze dame napoletane, ch'egli adombra sotto i nomi poetici di Neera, Ermione, e Batilla. Egli chiamava Baia ruina de' vecchi, e de' giovani, e parla alla lunga della licenza che vi regnava. Avvenuta però l'invasione di Ludovico XII re di Francia; e le lunghe guerre, che ne seguirono, Baia fu abbandonata, e il suo nome non restò per qualche tempo, che sul libro del viaggiatore. Baia termina appiè del suo castello, eretto da Pietro di Toledo per proteggere il porto contro Solimano, e contro i Barbareschi.

***

Pozzuoli: il Tempio di Serapide

L'edificio, noto come tempio di Serapide per il ritrovamento, nel 1750, di una statua del dio egizio, è in realtà un *macellum*, il mercato pubblico dell'antica Puteoli, tra i più grandiosi e meglio conservati del genere.

La sua costruzione sembra risalire, nel nucleo originario, all'età flavia, ma presenta segni di un rifacimento più tardo, di età severiana. Gli scavi, iniziati già nel Settecento, proseguirono a più riprese nel corso del secolo successivo. L'edificio si articola su una corte porticata centrale con colonne corinzie in granito grigio e pavimentazione in lastre di marmo, sulla quale si aprono 36 botteghe. Al centro della corte vi è una *tholos*, un edificio circolare posto su un'alta piattaforma, costituito da 16 colonne corinzie in marmo africano che sostenevano una trabeazione e una copertura, probabilmente conica. Al centro della *tholos* era collocata una grande fontana ottagonale, mentre tra gli intercolumni erano posizionati basamenti per statue onorarie. Al centro del lato orientale si trova una grande aula absidata con facciata tetrastila, posta di fronte all'ingresso in modo da costituire il punto focale del complesso; essa è articolata in tre nicchie, che dovevano contenere le statue dei protettori del mercato e di membri della famiglia imperiale. Le botteghe poste sui due lati della sala absidata erano probabilmente riservate alla vendita di carne e pesce, mentre i due grandi ambienti posti agli angoli fungevano da latrine. Il Serapeo rappresenta un metro dei fenomeni bradisismici che interessano la zona: le tre grandi colonne antistanti l'aula absidata segnano, mediante i fori in essi scavati dai litodomi (datteri di mare), il livello dell'acqua nelle diverse epoche: nel '500 il pavimento era a 5, 71 m sotto il livello dell'acqua. Da allora e fino alla fine del '700, l'edificio andò lentamente riemergendo ma, già a partire dal 1809, il suolo ricominciò lentamente a sprofondare. Nel 1933, il monumento era a 2,05 m sotto il livello del mare.

C. Giordano

AA.VV. *Napoli e i luoghi celebri delle sue vicinanze*, vol. II, pp. 438-440

Tempio di Serapide. Il suo interno formava un portico quadrato di 40 bellissime colonne, innanzi a cui stavano altrettante statue co' loro piedistalli. L'area di mezzo era scoverta, menoché vi si ergeva un tempietto rotondo con due colonne di marmo

affricano d'ordine corintio; le sue statue erano all'intorno ed un altare nel centro, a cui menavano quattro scalinate. Miransi ancora fra gli intervalli di queste colonne de' vasi cilindrici di marmo bianco, che crediamo essere destinati a ricever le acque minerali. Veggonsi del pari due grandi anelli serviti a legar gli animali, che vi s'immolavano. Evvi poco lungi una fonte di acqua lustrale per uso de' divoti. Sorge, intento a settentrione il fronte della cella composto di sei grandi colonne corintie di marmo cipollino, di cui tre in piedi, e di due pilastri formanti un ordine colossale, che domina il resto dell'edificio. Questo pronao era sormontato da una cornice, e da un fregio ornato squisitamente di fogliami, e di animali. In fondo alla cella ravvisasi la nicchia, che doveva contenere la statua del nume. Le due più grandi stanze, che le sono a fianco, offrono de' sedili di marmo, che negli appoggi laterali terminano elegantemente in delfini. Le aperture della parte superiore, e inferiore, che vi son praticate, ci fanno supporre essere queste stanze addette all'uso dei bagni a vapore. In una di esse si rinvenne, come gittata, una statuetta di Serapide assiso sovra un trono, col modio in testa, e con cerbero al fianco. Osservansi nel recinto del tempio 16 stanze da bagni per infermi, ch'ivi convivevano, o per le donne:altre 16 sono al di fuori. Dal monte dietro il santuario scaturiscono le diverse fonti delle acque medicinali, che per mezzo di condotti avevano comunicazione colle dipendenze del tempio. Per ultimo, il suo maggiore ingresso era a mezzo giorno, e costituiva una specie di vestibolo sostenuto da sei pilastri, mentre a' due lati principali sono altri quattro ingressi minori, a cui si preveniva per mezzo di corridoi coverti.

Questa terma, secondo credesi volgarmente, era dedicato a *Giove Serapide*, ma noi inclitiamo piuttosto a crederla sacra alle *Ninfe*. Filostrato racconta, che Apollonio Tianeo incontrò a Pozzuoli due suoi discepoli, i quali disputavano sulle virtù portentose dell'*acqua sacra,* che scaturiva presso il Tempio delle Ninfe. Egli ne loda la sontuosità de' marmi, e gli oracoli che vi rendevano i sacerdoti. Le acque minerali, che operavano tante guarigioni, più che tutte le altre de' campi flegrei, provengono dalle ardenti viscere della *solfatara.* Sono tre sorgenti, ma di due si fa poco conto per la loro bassa temperatura, e per la scarsezza de' minerali; l'altra sgorga da un piccolo antro; è limpidissima, e alquanto salmastra; il suo calore varia da 30° a 33°, secondo le stagioni.

Questo tempio fu construito in un'epoca molto antica. Venne ristaurato per la prima volta, nell'anno 105 av. L'e. v., se il noto marmo ivi rinvenuto, (*ab colonia deducta*) è genuino; se l'edifizio, *aedem Serapi,* che vi si nomina, indichi appunto il nostro monumento. Fu abbellito di nuovo, a quel che sembra, dopo i tremuoti, da Nerone, o da' Flavi. In effetti, prima di tal'epoca non si erano vedute in Italia colonne di marmo affricano, e cipollino così enormi e numerose; oltre a che il profilo delle loro basi appartiene a' più bei giorni dell'arte. I portici laterali d'uno stile un po' inferiore furono aggiunti, o almeno rifatti da M. Aurelio, e da Settimo Severo. A questi principi si ersero due statue con due iscrizioni su' piedistalli davanti la cella. – L'edifizio divenne in seguito un luogo di deposito di marmi, di sculture, di colonne, di cui quelle sì preziose di alabastro, che adornano il teatro del R. palazzo di Caserta, formavano parte. La terra di alluvione proveniente dalle contigue colline, e l'arena del mare elevatosi di livello, nel basso impero, avevano coverto questa terma fino all'altezza, ove si veggono essersi annidati i *mitili,* o *faladi,* intorno alle sue maggiori colonne.

Aureliano vi construì delle dighe contro le onde, come si

rileva da due lapidi rinvenute a'lati dell'ingresso principale. – Dopo ulteriori flussi e riflussi secolari, il mare discese alla fine, e si ritirò verso il XVI secolo. – Ora si eleva, e si avanza di nuovo insensibilmente dentro terra da 1780, ed i suoi flutti si confondono per sotterranei meati colle acque minerali del tempio. – Questo moto periodico del mare comincio da' tempi de' Romani, come lo dimostrano alti depositi di conchiglie lungo la costa da Gaeta a Pozzuoli: esso è comune al tirreno, al gionio, e all'adriatico fino a Venezia. Il suo piano più basso è al di sotto delle colonne del tempio di *Nettuno*, sul lido di Pozzuoli; e l'altezza più grande, di oltre a palmi 60.

Carlo III di Borbone fece scavare nel 1750 questo monumento, ricoverto dal mare, nello stesso tempo, che restituiva alla luce le famose città seppellite dal Vesuvio.

***

Posillipo: Villa di Vedio Pollione

Già durante il periodo repubblicano l'interesse della classe dirigente per l'area costiera di Napoli e dei Campi Flegrei si era venuto sempre più accentuando: ne fanno fede le ville di grandi esponenti politici del tempo come Mario, Silla, Cesare, Crasso, Pompeo, Ortensio, Lucullo, Cicerone, sorte lungo tutto l'arco dei golfi di Napoli e Pozzuoli.

Con l'avvento al potere di Augusto e dei suoi successori, che introdussero nuovi elementi di attrattiva per queste zone, si assiste ad un potenziamento e ad una grande espansione dei centri residenziali.

L'amenità del paesaggio, l'abbondanza delle sorgenti termali, il clima mite, il fascino della cultura ellenica, l'aura di sacro conferita ai luoghi della nuova mitologia romana consacrata dall'Eneide virgiliana, i rinnovati interessi economici offerti dalla zona, e da ultimo la presenza degli imperatori, che elessero questi centri a loro dimora per lunghi periodi ed il clima di mondanità che circondava le loro corti furono i principali elementi che resero questi luoghi più lussuosi e più celebri di tutto il mondo romano.

Il potenziamento della viabilità esistente e la costruzione di nuove strade, l'apertura della Crypta Neapolitana, grandiosa galleria stradale aperta in età augustea, forse su progetto del celebre architetto Cocceio, per migliorare le comunicazioni tra Napoli e Pozzuoli, la realizzazione di grandi opere pubbliche, come il grandioso acquedotto che portava le acque dalle sorgenti del Serino fino a Napoli, Pozzuoli e Miseno, furono segni dello sviluppo dato a queste zone.

A Napoli l'espansione extraurbana si manifestò con l'insediamento di tutta una serie di ville lungo il litorale da Pizzofalcone a Mergellina e sul promontorio di Posillipo.

Il complesso che nella zona ha lasciato tracce più consistenti è costituito da quella che fu la villa 'Pausilypon', che ha dato il nome a tutta la collina su cui sorgeva: il suo significato 'riposo dagli affanni' bene esprime la serenità e la bellezza dei luoghi.

La villa appartenne al ricco cavaliere romano Publio Vedio Pollione, importante personaggio politico, che per conto di Augusto riorganizzò il sistema fiscale nelle province d'Asia; alla sua morte, avvenuta nel 15 a.C., egli lasciò in eredità la villa ad Augusto ed ai suoi successori, i quali la ingrandirono e la dotarono dei servizi necessari al funzionamento di una residenza imperiale.

In relazione con la nuova funzione si deve probabilmente l'apertura della cosiddetta 'grotta di Seiano', galleria che collega la costa orientale del colle a quella occidentale, permettendo una rapida comunicazione con la zona flegrea: lunga circa metri ottocento, larga in media metri cinque ed alta poco più di metri sette, è illuminata da tre prese di luce che forano il promontorio sulla cala di Trentaremi.

Tutta la villa occupava un'area vastissima di circa nove ettari coperti da edifici, giardini, passeggiate, impianti termali, quartieri per gli addetti ai servizi, che si estendevano sulle pendici della collina, i cui dislivelli erano stati sistemati, per rispondere alle esigenze architettoniche, mediante la costruzione di poderosi terrapieni e la creazione di ampi terrazzamenti. La villa sembrerebbe composta da vari 'corpi separati': è probabile che i vari nuclei fossero raccordati da passaggi, muri di collegamento, scale e criptoportici.

La varietà dell'orientazione degli edifici è dovuta non solo all'intento di ottenere spettacolari soluzioni scenografiche ma anche ad un preciso calcolo dell'esposizione in rapporto al sole ed ai venti e ad una meditata distribuzione degli spazi con la collocazione dei *solaria* e dei belvedere, tipici delle dimore di riposo e di piacere, sui vari terrazzamenti e nei punti di migliore godimento del paesaggio.

L'architettura dell'insieme e delle varie parti, molto scenografica per l'inserimento di strutture curvilinee e di audaci soluzioni architettoniche, visibili nei vari tipi di volte che spesso si incrociano variamente, costituisce un esempio interessantissimo di costruzione antica.

Spazi aperti e masse costruite sembrano convergere verso alcuni punti significativi: a ninfei e giardini si affiancano costruzioni massicce ed esili, determinando ricercati e gradevoli effetti di luce e colore.

Molto interessante è l'inserimento entro il corpo della villa di edifici tipici della struttura cittadina come il teatro e l'odeon, che indicano come il complesso fosse diventato ormai quasi una piccola città, considerato anche il gran numero di persone che costituivano la corte.

Verso il mare si estendevano una serie di costruzioni in buona parte oggi sommerse: moli per gli oemeggi, banchine frangiflutti, vivai per l'allevamento di pesci, crostacei e molluschi.

Costruzioni avanzate con triclinii, ninfei, portici, loggiati si estendevano oltre la linea di costa, quasi ad immedesimarsi nella natura: è il caso della cosiddetta 'Scuola di Virgilio', una grande sala quadrata absidata con nicchie, forse un ninfeo.

Notevole doveva essere anche l'apparato decorativo del complesso, di cui purtroppo oggi sono pervenuti solo pochissimi resti dopo secoli di abbandono e di saccheggio: gli affreschi parietali, i mosaici, le fontane, i candelabri, i bassorilievi, le statue che vi sono state rinvenute, possono dare una pallida idea della magnificenza della villa e della ricchezza delle collezioni di arte che vi erano raccolte.

Le costruzioni annesse alla villa si estendevano per circa 40 ettari e comprendevano tutta l'area tra la Cala di Trentaremi e Marechiaro: di notevole importanza appare tutta la zona compresa tra la Cala di San Basilio (con il cosiddetto Palazzo degli Spiriti) e Via Marechiaro, costituita da un'area a verde con all'interno imponenti costruzioni in laterizio e in opera reticolata, attraverso la quale si accedeva al porticciolo della villa, i cui moli si estendono, sommersi, nel tratto di mare all'esterno della piccola baia.

Giuseppe Vecchio

***

M. Tenore, *Ragguagli di alcune peregrinazioni effettuate in diversi luoghi delle Provincie di Napoli e di Terra di Lavoro, nella primavera e nell'estate del 1832. Gite diverse sulle coste della riviera occidentale del Golfo di Napoli e luoghi attigui.: 1. Mergellina, Posillipo,* Gaiola, IV, pp. 187-189.

Quante illustri e care memorie il primo di questi tre nomi non rammenta al cultore delle muse, allo studioso delle patrie vicende, all'amatore delle più incantevoli delle arti belle! Non è questa la spiaggia che un celebre poeta cui poté solo rimproverarsi di aver dato troppo libero corso ai voli della sua bollente fantasia, risuonar faceva de' suoi versi armoniosi, e dove altro ministro di Apollo, ispirato dal gran Marone, di cui dalla sua villa poteva vagheggiar la tomba, in più casti versi cantava il Natale del Messia e gli innocenti pastorali tripudî? Non fu presso queste acque medesime, che ritrosa volse fortuna le spalle all'aragonese vessillo per appigliarsi alle brillanti divise del franco conquistatore? E non è questo infine il cielo privilegiato, le cui spettacolose scene a ritrarre han concorso a gara gli inimitabili pennelli de' Rosa, de' Denis, degli Hackert, de' Knipp?

Di Mergellina non meno famose l'attiguo colle che dall'oblio di ogni molesta cura prende nome, mostrando forato il seno delle sotterranee caverne che servirono un giorno ad

alimentare l'atroce ghiottoneria de' Pollioni e de' Luculli, con rispettosa fronte ad inchinar visi ne invita l'ombra veneranda dell'immortal Cavolini, cui nel silenzio di que' tenebrosi recessi svelava natura i misteriosi arcani della generazione de' pesci e de' crostacei, offriva la desiderata fioritura della *Posidonia* e de' *Fucagrostidi*, e palesava le svariate forme e le maravigliose organiche composizioni de' polipi marini.

Di questi interessanti colli invaghito il botanico alla sua volta, dopo di aver raccolto presso la tomba di Virgilio la *Ferula neapolitana,*la *Mathiola rupestris*, il *Lamium flexuuosum*, e sulle rupi che circondano la cappella del Sannazzaro la *Ruta bracteosa,*la *Capparis rupestris,*l'*Euphorbia dendroides,* se spinger vorrà la sua passeggiata lungo tutta la nuova strada di Posillipo, e quindi giunto sulla punta meridionale di essa vorrà impiegarsi in alcuni degli straripevoli viottoli che menano giù alla sottoposta marina, non gli sarà difficile raggiungere la cosiddetta *Scuola di Virgilio* ed il contiguo scoglio della *Gajola*. Egli in quest'ultimo luogo potrà anche recarsi direttamente e più comodamente in barca, e quindi aggirandosi presso le radici de' colli che a quello scoglio sovrastano vi raccoglierà la *Scabiosa ambigua,*la *Statice cumana*, il *Bromus hispidus*, il *Dianthus longicalius*, l'*Orobanche crintia*, e di una rimarchevole varietà del *Chenopodium maritimum*, che ci ha lungamente tenuti incerti intorno alla sua vera classificazione. Ove poi, ritornando in barca, voglia il botanico trattenersi tra quei bassi fondi che lunghesso il lindo fiume Nisita si stendono, potrà essere certo di farvi messe ricchissima di *fuchi*, di *conferve*, di *ulve*, e di latri curiosi rari idrofiti.

Lieto altrettanto non ne partirà il geologo, che in tutta quella riviera altro non iscorgerà che una montagna continuazione della stessa tufa primitiva sparsa gli aggregati secondari anche vulcanici, su i quali riposa immediatamente il terreno che ne forma la parte coltivabile, e che, gli elementi volcanici essendo anch'essa composto, offre una combinazione di allumina, silice e ferro nelle proporzioni più opportune alla riuscita delle piante; cosicché, a malgrado della poca sua profondità, rivestito si scorge della più prospera vegetazione. Vini generosi e delicati, squisite frutta, ottime ortaglie coronano gli sforzi dell'industre colono, che per quelle balze sa trar profitto di ogni ritaglio di terra per estendervi l'opera della sua mano laboriosa.

P. Panvini, *Il forestiere*, pp. 4-5

Questo amenissimo promontorio fu detto a tempi di Cesare *Pusilipo*, come si dimostra da una iscrizione in marmo qui ritrovata:

> *Pusilipus noster, qui nunc dat nomina monti, / sic dicta a Magno caesari villa fuit / Quod floret insanis requies fidissima curis, / Et portum fessae redderet ille rati.*

In esso si ammirarono le deliziose ville e case di campagna degl'illustri personaggi di Roma, fra le quali portavano il vanto di più famose quelle di Marco Tullio Cicerone, di Virgilio Marone, di Cajo Mario, di Pompeo, e del magnifico, e crudele Pollione, il quale si prendeva diletto di allevare murene e di nutrirle di carne umana. Superava però tutte le altre in grandezza, in magnificenza, e in delizie quella del sontuoso Lucullo, che si estendeva fino all'estremità del promontorio detto la Gajola, dove appajono ancora all'occhio del diligente osservatore le reliquie de' sorprendenti edificj, e della grotta, che aveva fatto eseguire quel dovizioso Romano, all'oggetto di portarsi in barca per essa ai bagnuoli.

AA. VV. *Napoli e i luoghi celebri delle sue vicinanze*, vol. II, pp. 416-420

Il *capo Posillipo* comincia a divenire un villaggio, e la sua chiesetta, chiamata *S. Maria a Fortuna*, sorge sulle rovine del tempio della *Fortuna* costruito da *P. Vectorio Zelojo*. La strada continua ad essere solitaria e pittoresca fino alla piazza, ove incontra la traversa che mena al *Vomero*, florida e deliziosa villeggiatura estiva presso Napoli. A sinistra, si discende sul lido. Ecco la contrada classica di Posillipo. La cappella di Santa Maria del *Faro* col suo campanile, che si scorge da tutti i dintorni, occupa il luogo dell'antico *Faro*. Poi lungi, era il tempio di Venere *euplea*, quella deità sorridente, che prometteva una *felice navigazione* al nocchiero, che veleggiava per l'oriente. I resti delle sue eleganti colonne, e del suo santuario si veggono ancora vicino alla riva; il mare vi è placido, e silenzioso; *marepiano*

Et placidus limon, numen-
que Euplaea carinis.

Ivi cominciano a comparire gli avanzi della villa di *Lucullo*, che fu poscia di *Vedio Pollione*, e di *Augusto*. Si estendono sul declivio delle colline, e lungo il lido, fino all'isoletta di *Nisidia*. Li prenderesti per lo scheletro d'una città dimenticata, che riposa tranquillamente su di un letto di mirto, e di ginestre. – Le prime rovine della villa di Lucullo si osservano sulla costa, e fin dentro le acque, a *marepiano*. Vi si distingue un edifizio isolato, le cui costruzioni sotterranee sono intatte. Da un lato due grandi sale o bacini, messi in comunicazione da un canale; nel mezzo, alcune altre per uso comune, intorno, due sale con vasche, e venti stanzette separate per bagnarsi, formavano la distribuzione di queste belle terme. – un altro edifizio è oggidì conosciuto con il nome di *casa Fiorella*. Vien formato da tre piani. Il primo è il danneggiato. Il medio aveva tre cortili verso la collina, che per mezzo di due scale davano il passo a varie stanze, e ad un terrazzo sul mare, da cui si discendea per imbarcarsi. L'appartamento inferiore conteneva cinque bacini disposti in cinque ordini eguali, ed aperti fra loro da numerosi passaggi. Vi entrava il mare e poteasi prendervi i bagni, scorrervi in barchetta, e nuotare, senza essere veduti, o molestate dalle procelle, o da sole.

Leggiere barchette vi attendono sulla spiaggia. Voi potete costeggiare quell'amiche sponde, già rallegrate delle cene, da' canti e dalle danze, ove il più ricco e il più potente de' Romani avevano a gara radunati i capolavori delle arti, la più amabile compagnia e le delizie del mondo.

Le numerose grotte lungo la marina, che si succedono une alle altre, e s'internano per lungo tratto dal monte, offrivano a' pesci ombrosi ricoveri ne' calori estivi. Altre, che le opere dell'arte proteggevano da' venti freddi ed impetuosi, si aprivano al tiepido raggio d'un sole di verno. Dovunque poi si ritrovano de' bagni comodi e sontuosi. Una sala circolare con nicchie per riposarsi è chiamata ancora *scuola di Virgilio,* poiché tutto è oggidì ripieno del suo nome, come un tempo del suo genio. Altre cave isolate, ed altre discoste, accoglievano quella immensa quantità di pesce, di ostriche e di conchiglie, che bastava appena alle cene del vincitore di Mitridate, e che fu venduto da Catone suo cognato e tutore di suo figlio, a prezzi enormi; (*40 mila sesterzi*). Ivi Lucullo aprì de' canali al flusso e riflusso del mare, per rinfrescare i vivai; e per trasferirsi in barca a Nisida, senza esser incomodato dalle maree.

Q. Elio Tuberone, il filosofo stoico, (pronipote di Paolo Emilio), vedendo le opere prodigiose, che Lucullo faceva costruire sulle rive del mare presso Napoli; que' monti traforati e sospesi con ampie volte, que' canali scavati alle sue magioni per farvi entrare i flutti del mare, ed aprire a' più grossi pesci de' vasti serbatoi, quei palagi costruiti in seno alle onde; Tuberone chiamava Lucullo un Serse togato.

Divenuto Vedio Pollione, dopo lunghi anni padrone di questa villa, nudriva col sangue de' suoi schiavi quelle enormi murene, che solevano lasciarsi vivere fino a 60 anni, e che ancora a' nostri giorni vi si trovano in gran copia.

Si sale in quelle magioni ricoperte di viole e di mentastro. Fu colà, che venne accolto Augusto ad una lauta mensa. Un giovane servo vi ruppe un vaso di cristallo. Pollione lo condannò alle murene, per *risparmiargli una morte volgare*. Sfuggì quegli alle mani de' manigoldi, e si gittò a' piedi dell'imperatore. Augusto sorpreso dal nuovo genere di crudeltà del suo amico, ordinò che si mettesse in libertà lo schiavo, si rompessero alla sua presenza tutt' i vasi di vetro, e si colmassero i vivai.

Si sono fatte ultimamente in questa villa alcune scoverte importanti. Si è rinvenuto un gran teatro, le cui gradinate poggiano sul monte. Si compone di due *cavee*; la prima ha undici scalini, l'altra superiore sei. Un corridoio, a cui si accede per una scala laterale, corona questo monumento. Due tribune si elevano all'estremità. La scena era mobile, e di legno; si toglieva talvolta per dar luogo agli spettacoli di genere di verso. Le mensole cogl'incavi per sostenere le aste del velario si rinvennero sul corridoio: e marmi colorati, intonachi dipinti, e la testa d'una statua di Bacco si raccolsero in varie parti del teatro.

Poco più in là, s'incontra una fabbrica quadrilunga decorata da pilastri, con due canali, forse per le acque piovane. Termina con loggiati, che si elevano l'un dietro l'altro a semicerchio, adagiandosi alla collina. Si può credere, costruito presso a' teatri in situazione ridente, sia un *sisto*, o una palestra.

Di rincontro al teatro è l'*odeo*. Nulla di più gentile, e grazioso di questo. La sua conservazione è perfetta; contiene dieci gradini in due divisioni. S'apre nel mezzo una sala, il *suggesto* dell'imperatore; e sul davanti sorge un poggiulo, *pulvinar*, ov'ei sedeva isolato. Nel fondo della sala è una gran nicchia con un piedistallo, che sosteneva il simulacro di Apollo di Bacco. Ornavano questa specie di tempietto due colonne di marmo nero, il cui capitello, bianco, era di uno stile nuovo e squisito. La scena è semicircolare: nel piano dell'orchestra v'ha il posto pe' suonatori. Vi si rinvenne sei colonne di cipollino, che l'abbellivano, ed alcuni capitelli corinzi in rosso antico, di perfetto lavoro. Dietro all'*odeo* si ritrova un elegante portico sostenuto da colonne rivestite di stucco. Questo teatrino era ricovero di marmi preziosi. Vi si ritrovarono pure due candelabri, l'uno ornato d'edera, l'altro a spire; alcuni avanzi rarissimi di ermeti; ed una statuetta, forse di una Musa, mancante della testa, e in parte del braccio, di uno stile stupendo, e che potrebbe paragonarsi in qualche guisa alle *danzatrici* di bronzo, o alle *cariatidi* del real museo.

Una basilica privata, divisa da due ordini di pilastri, in tre navi, e un emiciclo nel fondo, si apre verso la valle, ed il mare. Vi si scoprirono capitelli corinzi, stipiti di marmo affricano, e cornici d'un profilo assai ben inteso. Infine, due colonne di rosso, striate, di sommo pregio.

All'uscir da questa valletta, detta de' *trentaremi*, ed avvicinandoci alle alture, che dominano lo scoglio della Gajola, s'incontrano nuove terme, gabinetti elegantemente dipinti, ed una stufa con i suoi fornelli molto conservati. Altri edifizi, portici, gallerie, ninfei, canali, o serbatoi d'acqua, e resti di strade selciate si ravvisano sulle colline, e dovevano compiere questa immensa villa, o città, che non è tuttavia interamente dissotterrata.

Ma ciocchè merita la più speciale menzione, è un gruppo di marmo bianco, che vi si è scoverto nel 1838, appartenente a' più bei tempi delle scuole greche. Offre un tipo così nuovo e meraviglioso per la poesia, che lo ha ispirato, e per la grazia dell'esecuzione, da non aversene un secondo esempio. Rappresenta una Nereide su di un mostro marino sollevato dalle onde. Il vento agita in arco il pelo di questa giovine deità, che corre forse a recare le armi ad Achille, o il cinto che deve salvare il naufrago Ulisse. Il torso è nudo; ed il panno che le poggia sulle ginocchia è bagnato dalle onde. Questo piccolo capolavoro, di grandezza metà del vero, è infelicemente mancante di molte parti, e può ammirarsi oggidì al real museo.

Una grotta o cammino sotterraneo, in breve distanza da' teatri, metteva in comunicazione questa villa, e la costa rivolta verso Napoli e Nisidia, e la spiaggia opposta di Pozzuoli. È conosciuta volgarmente con il nome di Sejano, o di Sillano, datole da qualche letterato nel secolo XV. Fu opera certamente di Lucullo, che spese per essa e per questa villa gran parte de' tesori conquistati nell'Asia. Quest'antro è lungo circa 3200 palmi, e supera l'altro fra Napoli, e Pozzuoli, di palmi 594. Era del pari più alto, e più largo. Venne incavato nel tufo, soltanto nel suo principio, e nella fine. Il rimanente era forato attraverso la cenere volcanica alquanto indurita. Veniva perciò sostenuto da continue fabbriche ad archi, che furono ristaurate nel V secolo. alcuni spiragli laterali verso il mare v'introducevano l'aria, e per qualche tratto, anche la luce. Ulteriori rotture nella volta avendo riempiuto questo passaggio di terra e di sassi, il re Ferdinando II dispose, che fosse sgombrato; il che si è già effettuato in gran parte fra non lievi difficoltà e pericoli. Si è scoverto in tal congiuntura un frammento d'iscrizione, da cui si rileva, che sotto *Arcadio ed Onorio questa grotta di Posilipo interrata e negletta fu restituita da un magistrato consolare della Campania al comodo pubblico.*

B. Croce, *Storie e leggende napoletane*, pp. 284-285

NISIDA. È un nome che suona dolce come un bel nome di donna; e, pronunziandolo e abbandonandosi al fantasticare sulla guida di quelle sillabe scorrevoli, ci si ritrova volentieri in compagnia delle immagini dei Pontani e dei Sannazari, che in Nisida videro una ninfa, figlia di Nereo e di Doride, e cantarono il connubio di Giove con lei onde nacque Antiniana, o l'inseguimento di cui la fece segno il dio Posilipo, preso da furente amore. Ma quando, venendo da Napoli per la via nuova di Posilipo, di dietro all'alta collina tufacea crestata di elci e di querce spunta il primo lembo di verde isoletta, e poi la si ha tutta innanzi, piccola e snella, cosparsa di rare case bianche, recante come ghirlanda sul capo il rotondo suo castello, nell'abbagliante azzurro del cielo e del mare, una sorta di tenerezza riempie l'anima, come alla vista della leggiadria infantile; e torna alla memoria la comparazione di un poeta tedesco: «Simile, o Nisida, al bimbo dalle tonde guance vermiglie, che non osa ancora dilungarsi dalla madre, tu che emergi tutta grazie dal grembo delle onde scherzose, e ti stringi con puerile timidezza alla tua madre, la terra».

Il modesto topografo, erudito delle storie napoletane, non può renderle omaggio a sua volta né di mitologici idilli né di liriche romantiche, e deve starsi pago a raccontare le vicende che ebbe nei secoli quel pezzetto di terra, non più ampio di tre chilometri nel suo intero circuito, probabilmente un antico vulcano, composto di tufo come la vicina collina dalla quale sembra staccato. Chiamata dagli antichi *Nesis* (νησίς), isoletta, Stazio parla della selva che ne copriva la cima, Stazio medesimo e Lucano delle esalazioni malefiche che ai loro tempi vi facevano sentire, Ateneo dei conigli che la popolavano, Plinio dei suoi asparagi che erano i più saporosi che si conoscessero. E poiché sul finire della repubblica l'isoletta apparteneva a Marco Giunio Bruto, e più volte Cicerone vi ebbe colloqui con Bruto e qui fu tramata la congiura contro Cesare, qui anche l'eroica leggenda pose il suicidio di Porzia, figlia di Catone e vedova di Bruto, che, privata di ogni arma, si sarebbe procurata la morte col bere « aredentes ore favillas», col trangugiare carboni accesi, come Marziale descrive in un celebre epigramma.

AREA VESUVIANA

Note naturalistiche

Il complesso del Somma-Vesuvio vulcano ancora attivo, domina con i suoi 1281 m la piana vesuviana solcata dal fiume Sarno: il Somma è quanto rimane dell'antico recinto vulcanico parzialmente distrutto dell'eruzione del 79, mentre il Vesuvio dà il nome sia all'intero complesso che al nuovo cono formatosi a seguito della stessa eruzione.

Il clima è mite ed il terreno particolarmente fertile perché di natura vulcanica: ciò si riflette ovviamente sulla vegetazione e ha fatto sì che questi luoghi, prima che l'eccessiva urbanizzazione ne mutasse profondamente i connotati, conoscessero una notevole produzione orticola di qualità, che opportunamente ruotata garantiva anche cinque raccolti l'anno.

Anche la vegetazione spontanea ha subito un progressivo depauperamento anche se ancora oggi conta ancora 906, che costituscono il patrimonio del parco recentemente istituito.

In antico, secondo le testimonianze storiche, era ricoperto di selve e coltivato soprattutto a vigneti sulle pendici esposte a sud: attualmente il versante rivolto verso il mare è caratterizzato da una vegetazione spontanea di tipo mediterraneo, mentre quello esposto a nord, più umido, ha, soprattutto nella parte più alta, una vegetazione di tipo appenninico con castagni, ontani, aceri.

I rimboschimenti hanno introdotto anche il pinastro (*Pinus pinaster*) e il Pino nero (*Pinus nigra*) che hanno incrementate le pinete a pini ad ombrellc (*Pinus pinea*) create dall'uomo nei secoli precedenti.

Un aspetto peculiare della vegetazione vesuviana è rappresentato dall'opera colonizzatrice, che essa esercita sulle colate laviche: su quelle più recenti è un lichene, lo *Stereocaulon vesuvianum*, a disgregare la superficie compatta della lava e a permettere alla ginestra (*Spartium junceum*) dalle radici fortemente disgregatrici, di continuare l'opera che col passare del tempo si concluderà con la formazione di una nuova copertura boschiva.

Tra maggio e giugno le colate ottocentesche sono segnate dal giallo delle grandissime distese di ginestre e contrastano con quelle della prima metà del '900 rese grigecinerine dallo *Stereocaulon*.

Parlare di area vesuviana significa ovviamente parlare delle antiche città vesuviane seppellite dall'eruzione del 79 d.C., che, riportate alla luce nella seconda metà del '700, hanno reso celebri questi luoghi.

Nella seconda metà dell'800, superata l'idea romantica del rudere abbandonato alla vegetazione spontanea si tentò, insieme al restauro delle case, la fedele ricostruzione dei giardini resa possibile dal fatto che, procedendo dall'alto verso il basso, il suolo del 79 appariva come se fosse stato lasciato pochi istanti prima, con il disegno delle aiuole, l'intersecarsi dei vialetti, le canalette per l'irrigazione.

Solo a partire dagli anni '70, però, con l'utilizzo delle nuove tecniche di ricerca, è stato possibile definire le specie effettivamente coltivate in antico, permettendo così ricostruzioni di giardino più corrette.

***

Uno sguardo d'insieme

Piovene, Viaggio in Italia, pp. 357-358

Isole e litorale sono impregnate di una dolce civiltà, nella quale il mare si incontra con la vigna e l'orto, mai interamente marinara, e mai interamente terrestre; tale incontro mi sembra caratteristico delle sponde napoletane e da il tono alle fantasie. Tutti sono marinai a Procida, e nei loro discorsi primeggiano i venti marini; pochi sono marinai ad Ischia, ma vignaioli ed agricoltori, che non s'intendono del mare. Nel litorale presso Napoli, esistono villaggi che si dividono in due parti, una bassa in cui tutti usano navigare, ed una alta di gente attaccata alla terra. Quelli nella parte bassa vanno in Africa ed in Australia, mai nella parte alta che è ad un tiro di sasso. Ma, fatta eccezione per le isole del golfo, che sono microcosmi a sé, ed in cui ancora oggi ci si può abbandonare alla gioia delle scoperte, il Vesuvio e le sue pendici sono il più perfetto esempio di bellezza napoletana; il vecchio itinerario è ancora commovente per noi come nel passato. La cenere è ottimo concime, e ad essa si deve l'immensa fertilità e dolcezza del litorale che, alle pendici del Vesuvio, va da Napoli a Castellammare di Stabia. Quest'unico frutteto ed orto, ricoperto di peschi, di albicocchi, di vigne, e d'ogni qualità di ortaggi, è il più prezioso terreno di tutta Italia, costa sei milioni all'ettaro e anche più; i suoi coltivatori sarebbero ricchi, se la proprietà non fosse frazionata all'eccesso. Oltre che il tratto più fertile delle nostre coste, è anche il tratto più dolce; e qui raggiunse il sommo quell'armonia del frutteto col mare, che dà il senso di Napoli, ed anche forse dell'indole dei suoi abitanti. Si scorgono qui numerose quelle case coloniche, non bianche ma grigie e turrite, del colore del tufo, di cui ho notato la bellezza; e qui, specie a Torre del Greco, si lavorano la tartaruga ed i l corallo, importato dalla Sardegna, dal Marocco, o più raro dall'Estremo Oriente. La morbidezza dei coltivi scompare via vai si sale il Vesuvio, ed i fiumi della lava si stagliano con più nitidezza. Dal suo colore si distingue quanto sia fresca la colata; a differenza della cenere, che è un rapido fertilizzante, la lava resta sterile per cinque secoli; prima del tutto nera e nuda, poi coperta da un velo di lichene, poi dalle piante di ginestra, che cominciano a romperla con le loro radici. Questo arbusto perciò compie il primo dissodamento, precede il bosco e segna il ritorno alla vita; onde sulle pendici, quelle macchie odorose e di un giallo splendente, che coprono la lava antica, e ispirarono Leopardi.

Ercolano

Storia della città, *Piccola guida agli Scavi di Ercolano*

Dionigi di Alicarnasso attribuisce la fondazione di Ercolano ad Eracle di Ritorno dall'Iberia . mentre Strabone riferisce che la città fu dapprima in mano agli Opici-Osci, poi agli Etruschi e ai Pelasgi e infine ai Sanniti.

Al pari di Pompei e di *Stabiae,* anche Ercolano dovette rientrare nell'orbita della confederazione nucerina

Ribellatasi a Roma durante la Guerra Sociale, venne assalita e conquistata nell'89 a.C. dal legato di Silla, Titus Didius, e fu di seguito

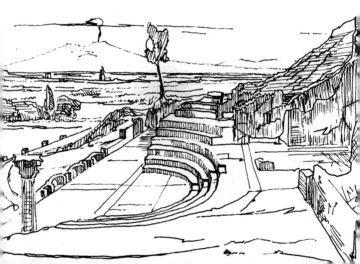

interessata dal processo di municipalizzazione che investì tutta l'Italia centro-meridionale.

La città, provvista di mura modeste, fu costruita su un pianoro vulcanico a strapiombo sul mare e ai piedi del Vesuvio, limitato sul lato orientale e su quello occidentale da due torrenti.

Due insenature fluviali costituivano approdi naturali e sicuri.

Saggi di scavo in profondità effettuati in più punti dimostrerebbero che l'impianto urbano con divisione in lotti regolari fu pianificato solo nella prima metà del IV sec. a. C.

Un profondo rinnovamento edilizio interessò la città in età augustea, quando furono costruiti o profondamente restaurati molti edifici pubblici, fra i quali si ricordano il Teatro, la Basilica di Nonio Balbo, l'acquedotto, la rete delle fontane pubbliche e dei *castella aquarum*, i templi dell'Area sacra, le Terme Suburbane, le Terme Centrali, la Palestra.

Il rovinoso terremoto del 62 d.C.rese pericolanti molti edifici. Vespasiano finanziò il restauro della cd. Basilica(costruita in età claudia) e del tempio, non ancora scavato, posto presso la palestra e dedicato alla *Magna Mater*, ma molti altri restauri sono documentati archeologicamente.

Le dimensioni della città erano piuttosto modeste. È stato ipotizzato che la superficie complessiva racchiusa dalle mura fosse di circa 20 ettari, per una popolazione di circa 4000 abitanti; visibili a cielo aperto sono solo 4,5 ettari, mentre alcuni importanti edifici pubblici o residenziali, scavati per cunicoli nel Settecento, sono oggi inaccessibili (la Basilica di Nonio Balbo, la cd. Basilica) o si trovano all'esterno del parco archeologico (il Teatro e la Villa dei Papiri).

L'impianto urbano appare articolato su almeno tre decumani (due soli scavati a cielo aperto) intersecati da cinque cardini perpendicolari ai decumani e alla linea di costa: sono a cielo apertoil terzo, il quarto e il quinto.

Gli scavi di Ercolano, dopo l'esplorazione per cunicoli nell'area del teatro (1710-11) iniziarono nel 1738 e proseguirono con la tecnica dei cunicoli sotterranei e dei pozzi di discesa e di areazione fino al

1828, quando furono autorizzati gli scavi "a cielo aperto", eseguiti fino al 1875.

Dopo una lunghissima interruzione, i lavori furono ripresi nel 1927 da Amedeo Maiuri, che li condusse fino al 1958. Nel 1961 ulteriori lavori sono stati eseguiti nel settore settentrionale dell'*Insula VI* e lungo il decumano massimo, mentre negli ultimi venti anni è stata esplorata l'antica spiaggia, coincidente con la fascia più meridionale dell'area archeologica.

La limitata estensione del parco archeologico e la mancanza, nel settore scavato a cielo aperto, di molti degli edifici e dei luoghi che di norma costituivano la panoplia monumentale, civile e religiosa, di una piccola città dell'Italia romana nel I sec. d.C. (templi, edifici pubblici, la stessa piazza forense), a una prima e frettolosa valutazione potrebbero scoraggiare una visita ad Ercolano, a tutto vantaggio della più nota, vasta e monumentale Pompei.

Tuttavia, la particolare dinamica del seppellimento di Ercolano, che fu sommersa da flussi piroclastici solidificatisi per un'altezza media di circa 16 metri, ha determinato un fenomeno di conservazione assolutamente originale e privo di confronti a Pompei, restituendoci reperti organici(vegetali, stoffe, arredi e parti struttive degli edifici in legno, la stessa barca recuperata nel 1982 sull'antica marina),ma anche e soprattutto i piani superiori degli edifici e con essi un'idea precisa dei volumi e delle tecniche di costruzione.

***

Nuovi giardini in mostra

L'area demaniale destinata a parco fa parte del complesso vulcanico Somma-Vesuvio, rientra in un contesto interamente dedito all'orto –flora-vivaismo ed era caratterizzata, prima dell'intervento, dalla presenza di serre per la floricoltura e da differenti specie vegetali, piantate un poco alla rinfusa; insiste su di una superficie di circa

10.000 mq ed è situata, percorrendo il viale Maiuri, alla sinistra della città antica di Ercolano e di fronte al Nuovo ingresso agli scavi. La proposta progettuale, con riferimento al ruolo di primo piano che gli spazi verdi hanno svolto nella cultura e nell'architettura del mondo antico, così vicino alla zona d'intervento, è stata quella di riorganizzare lo spazio, pur mantenendo le quote di terra delle preesistenze vegetali e distribuendo i dislivelli in parte con gradinate in pietra di tufo, rivolte verso una zona adibita a spettacoli e in parte con piccoli salti di quota, sottolineati con linee di luce, dove sono state collocate le nuove essenze, selezionate tra le specie tipiche della zona e capaci di resistere alle alte temperature dei mesi estivi.

Lo spazio sul quale intervenire è stato interamente ridisegnato e strutturato con l'intenzione di stabilire un dialogo, attraverso un ideale continuità di linee, con il sottostante impianto urbanistico, infatti è visto come l'estensione ideale della partitura della città antica, dei suoi giardini squadrati e dei campi agricoli ben ordinati, che si ricongiungono, al loro estremo, alla spontaneità della macchia mediterranea.

L'ambizione è stata quella di realizzare, attraverso l'uso sapiente dei materiali e delle essenze arboree, un giardino di contemplazione incastonato tra l'antica città di Ercolano e il mare in lontananza mentre la geometria utilizzata, che è un richiamo allo schema rigidamente ortogonale, di tipo ippodameo, dell'antica città costiera della provincia romana del I sec d.C., è stata ottenuta differenziando le fasce con diversi tipi di piantumazione, selezionate in funzione del clima e della struttura del terreno.

Un paesaggio nuovo in cui sono presenti elementi del passato, rivisitati nella nuova formalizzazione, recanti in se l'informazione del tempo che, nella scelta delle piante: cisto, lavanda, rosmarino, mirto, corbezzolo, cipressi ecc., riprende le specie presenti 2000 anni fa e, nella partitura, l'andamento dei campi coltivati.

Il percorso, che si snoda attraverso le fasce in direzione nord-sud, è pergolato, con pavimentazione in tufo giallo campano ed introduce il visitatore all'interno del parco, fino a raggiungere la cavea, luogo di spettacoli e manifestazioni teatrali, e ad una terrazza, pavimentata sempre in tufo giallo, sede di eventi temporanei.

Parallelamente al viale Maiuri, un canale, costituito da una serie di vassoi, che seguendo la naturale pendenza del terreno confluisce in un'ampia fontana ornamentale, posizionata di fronte al nuovo ingresso; il flusso d'acqua, sfiorando lungo i bordi degli invasi e scorrendo lungo i canali perimetrali di raccolta, accompagna il visitatore con un gradevole effetto visivo e sonoro.

Maria Emma Pirozzi

***

Piovene, *Viaggio in Italia*, pp. 357-358

Ercolano distrutta dalla lava, che essendo di passo più lento permise agli abitanti la fuga; Pompei coperta dalla cenere, che soffocò tutti. Meno frequentata Ercolano; Pompei la meta obbligatoria di tutto il turismo italiano e straniero. Più signorile, villeggiatura di ricchi, con le sue ville a loggia affacciate dal ciglio ad un mare che poi si è ritirato e fa da sfondo alla pianura, Ercolano perciò offre al visitatore il piacere poco frequente di trovarsi talvolta solo.
È ancora in buona parte sepolta dalla lava pietrificata; Resina, costruita sopra di essa, guarda dall'alto della roccia la città antica. La compattezza della lava, le abitazioni costruitevi sopra, che occorrerebbe demolire, concorrono ad ostacolare gli scavi; essi tutti proseguono; e non è molto che allargando la parte dello stadio venuta in luce si è trovato il serpente di bronzo a cinque teste, arrotolato intorno a un tronco, le cui fotografie non sono ancora divulgate. Era la fontana centrale dello stadio sportivo, e ognuna delle cinque teste emetteva acqua componendo un ruota.

***

Oplontis: la villa di Poppea

La villa di Poppea, tipico esempio di abitazione principesca di gran lusso di età romana, rientra nel novero delle residenze signorili che erano disseminate lungo il litorale campano, nella zona compresa tra il capo Miseno e la punta della Campanella.

Inserito in un'area territoriale nota col nome di Oplontis, area che anticamente rientrava nel suburbio pompeiano, l'edificio costituisce la presenza archeologica più importante e, direi, maggiormente spettacolare, tra quelle rinvenute nel territorio della moderna Torre Annunziata, soprattutto a causa della presenza delle decorazioni pittoriche che ne adornano le pareti e per le sculture in marmo che, nei giardini, erano inserite in un ambiente naturale non meno curato delle parti strutturali e decorative.

Il nucleo principale della villa, risalente alla metà del I secolo a.C. è incentrato su di un asse centrale, costituito dall'atrio, dall'antistante viridario e da un ampio salone con colonne. L'accesso, in antico, si trovava dalla parte opposta rispetto ad oggi: l'atrio è decorato da sontuose decorazioni pittoriche in II stile pompeiano, con vedute prospettiche di colonne, architravi ed altri elementi architettonici.

Altri ambienti di varia natura trovano posto nella zona contigua: un piccolo *cubiculum*, un triclinio, una sala di soggiorno, anch'essi decorati con pitture in II stile, mentre nelle immediate vicinanze trovano posto la cucina ed alcuni ambienti termali, tra cui il *calidarium*, nel quale, al centro di una delle pareti, decorate in III stile, vi è un quadro con la raffigurazione di Ercole nel giardino delle Esperidi.

A nord dell'atrio si apre un grande giardino, nel quale i vialetti sono fiancheggiati da varie specie arboree, ripristinate sulla base delle indagini paleobotaniche effettuate nel terreno. Su questo giardino si aprono due porticati simmetrici, al centro dei quali vi è il salone con colonne, in linea con l'atrio.

Ad est di quest'ultimo il nucleo più antico della villa è completato, nella parte sud, da un ambiente di soggiorno, decorato in II stile, impreziosito da particolari di notevole finezza pittorica (una maschera teatrale, una coppa in vetro con melograni, una torta su alto supporto) e, nelle vicinanze, da un ampio quartiere servile, con giardino interno e fontana. Sul lato nord, rispetto a tale peristilio, vi è la latrina, mentre a sud-est si apre un altro giardino porticato, di dimensioni ridotte rispetto al giardino nord, e situato in posizione maggiormente appartata. Un lungo corridoio, con pareti e soffitto affrescati e due file di panche lungo i muri, collega la parte più antica a quella più recente, costruita in età claudio-neroniana e incentrata sulla grande piscina, sulla quale si affaccia una fila di ambienti, alcuni dei quali costituiti da giardini interni scoperti, le cui pareti sono riccamente decorati con pitture da giardino.

Le forzate limitazioni dell'area esplorabile non consentono ulteriori scavi: tuttavia quanto a tutt'oggi emerso dà un'idea sufficiente della ricchezza e soprattutto della qualità degli elementi decorativi di questa lussuosa dimora patrizia, sia per quanto riguarda le pitture, sia per la suppellettile, costituita prevalentemente da un cospicuo numero di sculture in marmo, che impreziosivano i giardini della villa, come i quattro centauri, il gruppo del Satiro e dell'Ermafrodito, o il vaso-fontana con danza di guerrieri a bassorilievi.

Lorenzo Fergola

***

Pompei
Storia della città, *Piccola guida agli Scavi di Pompei*

Pompei sorge su un pianoro (circa 30 metri sul livello del mare) formato da una colata di lava vesuviana, a controllo della valle del fiume Sarno, alla cui foce sorgeva un attivo porto. Incerte sono le notizie sulle origini della città.

Le testimonianze più antiche si datano tra la fine del VII e la prima metà del VI secolo avanti Cristo, quando si realizza la prima cinta muraria in tufo detto "pappa monte", che delimitava un 'area di 63,5 ha.

Una civiltà mista, nella quale erano fusi elementi indigeni, etruschi e greci, portò allo sviluppo della città. Verso la fine del V secolo avanti Cristo, le tribù dei Sanniti, scesi dai monti dell'Irpinia e del Sannio, dilagarono nella pianura dell'attuale Campania(che significa" pianura fertile"), conquistando e inserendo le città vesuviane e costiere in una lega con capitale *Nuceria.*

In epoca sannitica Pompei riceve un forte impulso all'urbanizzazione: pure risale al V secolo avanti Cristo la costruzione di una nuova fortificazione in calcare del Sarno, che doveva seguire un percorso analogo alla precedente. Verso la fine del IV secolo avanti Cristo, in seguito ad una nuova pressione di popolazioni sannitiche, Roma si affaccia nell'Italia meridionale: sistemi di alleanze e vittoriose campagne militari la renderanno (343-290 avanti Cristo) egemone in tutta la Campania.

Pompei entrò quindi come socia(alleata) nell'organizzazione politica della *res publica* romana, cui però nel 90-89 avanti Cristo si ribellò assieme ad altre popolazioni italiche, che reclamavano a Roma pari dignità socio-politica. Presa d'assedio dalle truppe di*P.Cornelius Sulla,* la città capitolò e diventò *colonia romana* col nome di *Cornelia Veneria Pompeianorum* (80 a.C.).

Dopo la deduzione della colonia Pompei fu arricchita di edifici privati e pubblici, e ulteriormente abbellita soprattutto nell'età degli imperatori Ottaviano Augusto (27 a.C. – 14 d.C.) e Tiberio (14-37 d.C.).

Nel 62 d.C. un violento terremoto colpì l'intera area vesuviana. A Pompei la ricostruzione ebbe subito inizio, ma, per l'entità dei danni m, e per lo sciame sismico che seguì, essa prese molto tempo: 17 anni dopo, quando il 24 agosto del 79 d.C. l'improvvisa eruzione del Vesuvio la seppellì di ceneri e lapilli, Pompei si presentava come un cantiere ancora aperto. La sua riscoperta si verificò nel XVI secolo, ma solo nel 1748 cominciò l'esplorazione, col re di Napoli Carlo III di Borbone, e continuò sistematicamente nell'Ottocento, fino agli interventi più recenti di scavo, restauro e valorizzazione della città antica e del suo eccezionale patrimonio di architetture, sculture, pitture, mosaici. L'area archeologica di Pompei si estende per circa 66 ha dei quali circa 45 sono stati scavati.

La suddivisione della città in *regiones* (quartieri) e *insulae* (isolati) è stata fatta da G. Fiorelli nel 1858, per esigenze di studio e orienta-

mento. Le denominazioni delle case, quando non ne è noto il proprietario, sono state coniate dagli scavatori in base a particolari ritrovamenti o altre circostanze.

Gli orti e i giardini

Gli orti e i giardini dell'antica Pompei costituiscono un documento unico al mondo, perché testimoniano l'organizzazione del verde in una città di provincia di duemila anni fa.

L'antica Pompei, infatti, non era, come del resto qualsiasi città moderna, fatta di sole strade e edifici: c'erano spazi verdi pubblici e privati e ogni casa, ricca o modesta che fosse, aveva il suo giardino.

In particolare i quartieri periferici che si sviluppavano intorno all'Anfiteatro come tutti i quartieri periferici, che anche oggi vivono le inevitabili trasformazioni legate all'espansione urbanistica ospitavano una miriade di aree verdi con diverse destinazioni d'uso.

In questi giardini, talora molto estesi, altre volte costituiti solo da un piccolo fazzoletto di terra, venivano coltivate piante utili e ornamentali, talvolta all'epoca esotiche come peschi, limoni e, tra gli ortaggi, i cetrioli e i poponi, simili ai nostri meloni bianchi.

Alcune colture rivestivano particolare importanza nella vita quotidiana degli antichi pompeiani, come ad esempio quella viticola; altre erano alla base di particolari produzioni a artigianali, come la preparazione di unguenti e profumi, altre ancora erano oggetto di consumo familiare o di vendita al mercato cittadino. La fertilità del suolo permetteva la coltivazione intensiva degli orti, per cui i raccolti erano ripetuti nel corso dell'anno: veniva favorita comunque la coltura di quegli ortaggi che potevano essere conservati in aceto e/o salamoia per essere poi consumati nell'arco dell'anno e tra i frutti noccioli, fichi, meli, peri, uve da tavola perché potevano essere consumati sia freschi che secchi, o nel caso delle pesche e dei fichi anche conservati in miele.

Tra le attività che si svolgevano nelle aree a verde dell'antica Pompei vi era anche quella vivaistica, che forniva le piante per i giardini di città e quella della coltivazione dei fiori necessari per preparare le corone votive, che venivano offerte agli dei.

Nei "viridari", in quei piccoli giardini, cioè, che avevano una prevalente valenza estetica nell'architettura della casa, venivano coltivate piante ornamentali, ma anche utili: spesso il giardino costituiva anche la farmacia di casa, perché gran parte delle piante utilizzate per abbellimento avevano, o si riteneva che avessero, proprietà medicinali: anche negli spazi verdi delle ville più lussuose, ad Oplontis come nelle ville di Stabia, le indagini botaniche rivelano l'uso, seppure scenografico, di piante che noi oggi riterremo utili, come, ad esempio, gli alberi da frutta.

In città naturalmente vi era pure il " verde pubblico" quello, cioè collegato a spazi comuni come le terme, le palestre, i templi e, appena fuori città, i recinti funerari. La Grande Palestra, ad esempio, era ombreggiata da grandi platani disposti in duplice filare, mentre nei recinti funerari sono state trovate tracce di cipressi che testimoniano una usanza che si è tramandata fino ai nostri giorni.

Annamaria Ciarallo

***

AA. VV., *Napoli e le sue vicinanze*, p. 502

Un delizioso viale di salici, qualche cespo di rose, ed alcuni cipressi guidano il viaggiatore a Pompei. Essa rassomiglia ad una città per brevi istanti deserta. Sembra che le sue genti siano accorse ad una quelle festività religiose, che tanto contraddistinguevano il paganesimo. Le tracce de' carri sulle pietre, le botteghe colle loro merci, e gli edifizi co' loro mobili attendono tranquillamente i loro padroni. L'anfora *geniale* olezza di vino, e le fresche macchie dei liquori sono impresse su' marmi de' *termopoli*. Vi si rinveggono le focacce di mele, il vaso unguentario, i ceppi, ov'era avvinto il piè del colpevole, e la collana che ornava il giovane seno della fanciulla.

Il sobborgo *augusto-felice* è quello de' sepolcri,e precede Pompei come Galata e Pera, Costantinopoli. Queste tombe d'uno stile semplice e modesto offrono le forme variate di piccole torri, di grandi colonne, di letti funebri, e di tempii, e si elevano su piedistalli ricchi di marmi e di sculture.si prenderebbero per tante are dedicate dal Genio delle arti a' Geni taciturni del mistero e della morte. Qualche papavero rosso, de' delfinii azzurri, ed alcuni fiori pallidi e mesti vi s'insinuano fra le commessure de' marmi, e vi sostituiscono le antiche ghirlande, che si crederebbero scomparse da pochi istanti, le iscrizioni che vi si leggono sono spontanee ed affettuose. Questa strada era una galleria pubblica, ove s'incontravano statue d'uomini insigni, memorie di amanti affettuose, e di figliuoli benemeriti de' loro parenti e del loro paese, rapiti innanzi sera alla loro brillante vita.

M. Tenore, *Ragguagli di alcune peregrinazioni effettuate in diversi luoghi delle Provincie di Napoli e di Terra di Lavoro, nella primavera e nell'estate del 1832: Piante pompeiane*, VI pp. 197-198

Anche limitandosi alle sole precise piazze, strade e ruderi pompeiani, alcune poche graziose piante potrà registrare il botanico nelle memorie di questi importantissimi luoghi. Più di tutte è caratteristica la vaga gigliacea che orna i ruderi dell'anfiteatro. Questo è l'*Ornitogalo Arabico* da noi mentovato parlando delle piante che abbelliscono le ciclopiche mura di Cuma. Questa singolare uniformità di abitazione non sfuggirà alla sagacità dell'osservatore, ed allorché sarà egli fatto certo che oltre a questi due luoghi in verun alto sito del regno gli sarà mai concesso di riveder quella rara pianta, sarà quasi tentato di crederla presso noi introdotta dagli antichi padroni del mondo, che colle spoglie delle conquistate città di Asia e di

Africa di non pochi utili vegetabili accrebbero il censo della Flora e della Pomona Italica. Tuttavia converrà riflettere che l'*Ornitogalo Arabico* cresce benanco nel Portogallo, e che per la vicinanza delle nostre oste con quelle dell'Africa, non che pel concorso degli uccelli migratori e degli altri noti mezzi di disseminazione, quest'ornitogalo non solo, ma altre non poche piante bellissime abbiamo in comune con la flora Africana.

All'Ornitogalo di Arabia aggiunger conviene lo *Gnaphalium pompejanum*, la *Satureja tenuifolia*, e la *Chlora intermedia*, tre piante proprie della nostra Flora per la prima volta tra i ruderi pompeiani raccolte, e dappiù vi si posson comprendere le Linarie, le Inule, diverse cicoracee e leguminose, le quali, tuttocchè comuni alle altre campagne napoletane, per la celebrità de' luoghi, sovente i viaggiatori preferiscono raccogliere tra le venerande reliquie.

COMPLESSO SORRENTINO-CAPRESE

Note naturalistiche

I Monti Lattari costituiscono con la Penisola Sorrentina una propaggine della catena appenninica, in particolare della piattaforma carbonatica campano-lucana, di cui l'isola di Capri rappresenta la punta estrema.

A partire da 135.000 anni fa, l'abbassamento dello stretto di Capri e l'innalzamento dell'area di Capri ha determinato l'isolamento di quest'ultima dalla Penisola Sorrentina, che, con l'eccezione del picco glaciale di 18.000 anni fa che ne ristabilì il collegamento, ci appare oggi come un'isola.

Le caratteristiche geologiche che caratterizzano il complesso sorrentino-caprese si riflettono ovviamente sulla vegetazione, che è comune ai due versanti.

Il complesso fino all'età romana era coperto di folte leccete: le antropizzazioni che, soprattutto a partire dal regno di Tiberio, si susseguirono con fasi alterne, fecero sì non solo i pianori fossero disboscati per essere messi a coltura, ma che anche i fianchi più acclivi fossero terrazzati a tal fine, né da meno fu il danno alla vegetazione apportato dalla pastorizia.

Attualmente ben poco, soprattutto a Capri, dove alcuni infelici rimboschimenti con Pino nero, Pino d'Aleppo ed eucalipti non ne hanno favorito il ripristino spontaneo, rimane della antica copertura vegetale.

Un relitto di foresta sempreverde è intorno Villa Iovis ed è costituita da leccio (*Quercus ilex*) con un sottobosco formato da corbezzolo (*Arbutus unedo*), mirto (*Mirtus communis*), lentisco (*Pistacia lentiscus*), piante lianose come lo stracciabrache (*Smilax aspera*), il caprifoglio (*Lonicera implexa*) e le clematidi (*Clematis flammula* e *C. vitalba*). Nei punti più a settentrione vi sono pure il lauro (*Laurus nobilis*) e il terebinto (*Pistacia terebinthus*) mentre sul suolo fioriscono il ciclamino (*Cyclamen hederifolium*), il gigaro (*Arum italicum*) e l'asparago (*Asparagus acutifolius*).

A Punta della Campanella i tratti di foresta relitta assumono i caratteri di una macchia alta, in cui al leccio si mescolano le roverelle (*Quercus pubescens*), gli olivastri (*Olea europea*) e i carrubi (*Ceratonia siliqua*), che nei tatti più esposti ai venti cedono il passo ad una macchia bassa caratterizzata da mirto (*Mirtus communis*), lentisco (*Pistacia lentiscus*) e cisti (*Cistus incanus* e *C. salvifolius*), mentre sulle rocce più denudate e assolate le centauree (*Centaurea cineraria*) contendono lo spazio ai garofanini (*Dianthus longicaulis*), ai finocchi di mare (*Crithmum maritimum*) e all'elicriso (*Helichrysum italicum*).

Sulle rupi aride di Villa Iovis tra il lentisco, il rosmarino, le ginestre e le centauree (*Centaurea cineraria*) si possono ammirare i grandi cespugli di euforbia arborea (*Euphorbia dendroides*), che si accompagnano all'agave, pianta comune anche sulla Punta della Campanella, estranea alla vegetazione autoctona, perché introdotta solo nel XVI sec., ma ormai parte del paesaggio mediterraneo.

A Capri nei pressi di Villa Damecuta la vegetazione spontanea delle rupi affacciate sul mare è costituita essenzialmente da ginestra, che si mescola a mirto, lentisco, alterno, mentre la grande pineta realizzata con pini di Aleppo ha un rado sottobosco costituto essenzialmente da mirto.

La vegetazione del complesso sorrentino-caprese comprende anche alcune specie rare: visibili solo da mare, sulla parete precipite del salto di Tiberio vi sono alcuni rari esemplari di palma nana (*Chamaerops humilis*), l'unica palma spontanea italiana, che sono presenti anche sulle rocce di Capo d'orso, oltre Punta della Campanella.

A Capri come a Punta della Campanella, e solo in questi luoghi, tra i diversi statici, che crescono sulle rupi battute dai venti salmastri vi è il *Limonium ioanni*, sulle pietraie assolate possiamo trovare il *Seseli polyphyl-*

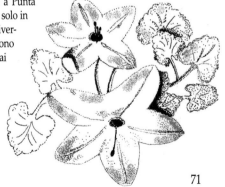

71

lum, l'*Asperula crassifolia*, il *Lithiodora rosmarinifolia*, sorprendentemente simile al rosmarino, i cui, però, non ha il profumo, e, pendente dalle rupi con i suoi bei fiori azzurri, la più comune *Campanula fragilis*.

***

F. Gregorovius, *Viaggio in Puglia e in Campania*, pp. 106-108

L'orrendo e il grazioso formano qui un singolare contrasto pari a quello della ridente valle verde con le ripide pareti rocciose che lacerano la gaia vita delle piante, ergendosi, nude e gigantesche verso le nubi e la vista quotidiana di questa gente semplice, resa più bella dalla povertà e dalla devozione che il lavoro ha nobilitata, trova dappertutto una violenta antitesi nella sempre rinascente immagine del tenebroso despota Tiberio.

Il mondo meraviglioso con cui la natura sa armonizzare i contrasti desta sempre in me grande stupore. Si trova qui una tale abbondanza di pietrame selvaggio da produrre l'impressione di uno squallido deserto, però le bellezze naturali hanno illeggiadrito dappertutto l'aridità del suolo, ravvivandolo con l'intensità dei colori e

72

del verde e così essa presenta un quadro in cui il grandioso ed il terribile sono vinti dalla potenza della forma.

I monti, gli scogli e le valli abbracciano i sensi con celato fascino, essi li incatenano come dietro una barriera attraversata dalla luce del più bel golfo che a sua volta è imprigionato da silenziose e sognanti sponde; infatti è veramente un cerchio magico che ci avvolge in questo luogo.

Capri assomiglia molto alla Sicilia, non solo per l'aridità del suolo ma anche per il color rosso fiamma del pietrame calcareo, per la forma fantastica e grandiosa degli scogli e persino per la flora.

La vegetazione è meridionalissima ma scarsa. Fra il rossiccio pietrame cresce, come seminata fra le gole delle montagne, l'erba balsamica delle isole meridionali d'Europa che pervade l'aria cola suo profumo. Il mirto, il citiso, la ruta, il rosmarino, il corbezzolo, crescono qui tra roveti e rami di edera, mentre gli intrecci della clematide si avvolgono intorno a rovine e scogli, e la dorata ginestra pende in abbondanti mazzi da tutte le alture.

Sorrento

La Villa Romana di "Pollio Felice" al Capo di Sorrento

Il promontorio del Capo di Sorrento era occupato nell'antichità da una villa marittima di età romana del I sec. a.C. - I sec d.C.
Oggi se ne vedono i ruderi, che possono essere interpretati anche grazie alle notizie forniteci dalle fonti antiche ad ai confronti con le numerose ville marittime che si affacciano sul Golfo di Napoli, da Posillipo fino a Punta della Campanella (cfr. Strabone V 4).
La villa di Capo di Sorrento, detta dalla tradizione popolare "*i bagni della Regina Giovanna*", occupava un'estensione di circa due ettari. La proprietà comprendeva, oltre alla villa a mare, forse anche una

domus più a monte con funzione prevalentemente agricola. I due nuclei erano collegati da rampe e gallerie, mentre i dislivelli del promontorio erano superati con terrazze artificiali.

Della *domus* si scorgono oggi soltanto alcuni tratti di muri di terrazzamento per lo più in opera reticolata.

La villa era raggiungibile sia da terra che da mare.

L'attuale discesa dalla strada provinciale di Massa ricalca almeno in parte l'antica via di accesso alla villa. Un ponticello congiungeva il promontorio al capo vero e proprio e sormontava l'accesso al bacino interno. Poco lontano, un ingresso immetteva negli ambienti di residenza. Questi erano disposti attorno ad un peristilio con portico pavimentato in coccio pesto attorno al quale si disponeva una serie di ambienti. Altri ambienti invece si disponevano a vari livelli sul promontorio con funzione diversa: l'area di levante, con pavimenti a mosaico, aveva funzione di alloggio, mentre l'altro gruppo di ambienti più spogli a ponente era destinato alla servitù ed a funzioni di servizio, come mostra la presenza di una cucina. I due nuclei erano separati da un ingresso secondario dal mare che consentiva il passaggio alle costruzioni più basse fino ai depositi marittimi sull'estremo lembo del capo. Senza dubbio il complesso era dotato anche di una sezione termale, anche se dai ruderi è oramai impossibile stabilirne l'esatta ubicazione. Di aiuto potrebbe essere la prescrizione vitruviana che l'abside del caldario doveva essere orientato verso sud-ovest per la massima esposizione al sole durante la giornata.

Un'altra possibilità è che fossero disposte presso le grandi cisterne a monte per la continua fornitura di acqua. L'architettura sembra sfruttare al massimo le bellezze del paesaggio. Non solo il pendio ma anche gli assi panoramici tradiscono il progetto originale; essi infatti vengono utilizzati dall'architetto come assi architettonici.

Gli ambienti mostrano la massima fruibilità del panorama grazie anche ad alcuni espedienti: muri divergenti, ampie finestre, fino alla sofisticata soluzione di una passeggiata panoramica attorno al porticciolo con un belvedere all'interno della struttura absidata sovrastante l'accesso. L'elemento paesaggistico più suggestivo è costituito da un bacino naturale, che i proprietari seppero sfruttare sapientemente come attracco e piscina arredandolo scenicamente: una tendenza tipica dell'architettura romana ad "abbellire " ed appropriarsi della natura, come mostrano anche gli esempi della Grotta Azzurra e della grotta di Sperlonga .

I due isolotti ad ovest mostrano strutture murarie ed è pertanto probabile che fossero collegati al promontorio con un ponte. Considerato che il promontorio ostacolava l'accesso al golfo di Sorrento , è probabile che la villa fosse munita di un faro.

Le attività produttive della villa, *il negotium,* erano legate sia alla campagna, nella parte alta, che al mare: la campagna produceva olio e il pregiato vino di Sorrento (Strabone, Orazio, Macedonio e Plinio), mentre il mare forniva pesci, crostacei e molluschi prediletti dalla cucina romana. Tutto, architettura e decorazione, era funzionale alla *lux uria* e all'*otium.* Persino le zone d'ombra, costituite da giardini pensili e pergole che adombravano i percorsi assolati, riflettevano il desiderio di vivere bene come massima espressione del lusso.

Itinerario di Punta Campanella

Partendo da Termini, percorrendo un sentiero che si affaccia su un paesaggio ricoperto da un'intatta vegetazione a macchia mediterranea e che in parte ricalca alcuni tratti della via Minervia, si arriva alla Punta della Campanella.

Il sito, carico di rimandi mitologici, è descritto da numerosi autori antichi, tra i quali ricordiamo Strabone (V 8, 247), che ubica sul promontorio della Campanella e il Capo Ateneo, la sede del Santuario di Athena, la cui fondazione è attribuita ad Odisseo.

Gli stessi luoghi ritornano in un passo dello Pseudo-Aristotele (*De mirab. auscult* 103) e nel *Liber coloniarum.*

Sull'ubicazione del famoso Santuario di Athena si è discusso molto e sono state formulate dagli studiosi varie ipotesi. Soltanto di recente, grazie a numerosi dati forniti da un'attenta ricognizione, da alcuni saggi archeologici e, soprattutto, dall'eccezionale scoperta di una iscrizione rupestre in lingua osca datata al II sec. a.C., si è accertata la presenza di un Santuario dedicato ad Athena sulla punta della Campanella.

I materiali archeologici raccolti e documentati sono rappresentati da vari frammenti di vasi, terracotte votive, monete nonché da frammenti della decorazione architettonica, che consentono di attestare la frequentazione del sito dal VI sec. a.C. fino alla fine del II a.C.

L'analisi tipologica del materiale archeologico, inoltre, consente di collegare e confrontare il santuario con altri coevi templi di Athena distribuiti sul golfo di Napoli e in Campania. Esso sembra, poi, cadere in abbandono tra la fine del II sec. a.C. e il I a.C., anche se resta il ricordo della sua importante presenza nel nome Minervia del promontorio e della strada. Nulla resta oggi delle strutture del santuario,mentre sulla spianata del promontorio, oltre alla torre sono visibili i resti di un'ampia villa romana, che si articola su cinque terrazze. Ad essa si accedeva dal mare attraverso due scale, i due approdi di ponente e di levante, ed era raggiunta all'altezza della prima terrazza dalla via Minervia, fiancheggiata da esedre. L'ubicazione della villa nel punto più prossimo a Capri - dal quale partiva il traghetto - ha fatto ritenere possibile l'ipotesi di una residenza di proprietà dell'imperatore oppure sede di un presidio militare.

Tommasina Budetta

***

J. Beloch, *Campania*, p. 313

Sull'estrema punta della penisola, cioè Capo Campanella, sorgeva, stando al passo di Strabone già citato, il Tempio di Atena. Non esiste più alcun resto del tempio; ma in compenso intorno al faro si vedono ancora considerevoli ruderi di una villa romana, pavimenti in *opus signinum*, muri in *opus reticulatum*, frammenti marmorei e tessere di mosaico. A questa villa appartengono probabilmente anche i presunti resti del tempio, che nel secolo passato dovevano essere ancora visibili: un pavimento

di marmo policromo, capitelli corinzi(con la civetta!?): Giannat-
tasio, *Aestates Surrentinae,* p. 2) ed infine plinti di colonne, dai
quali il patriarca di Antiochia, Ananstasio (II, p. 252), vorrebbe
dedurre che il tempio era un diastilo! La larghezza degli in-
tercolumnì indica chiaramente che le colonne appartenevano
da una *porticus* e non ad un tempio. L'elevata posizione del
tempio è testimoniata da Stazio: *Et ab excelso veniat soror hospita
templo* (Sil. III 1, 109) / *vel quos e vertice Surrent / Mittit Tyrrheni
speculatrix virgo profundi,* (V 3, 16) / *e dai versi di uno sconosciuto
poeta(Lucilio?), citato da Seneca* (Epist. 77): /*Promontorium ex quo /
Alta procelloso speculatur vertice Pallas.*

   È già stato detto sopra che la leggenda fa fondare il tempio da Odisseo, come pure il territorio circostante era consacrato alla dea e abitato da Greci fino all'età imperiale inoltrata.
Soprattutto in epoca romana il tempio era decisamente il più
importante di Sorrento, e Minerva era la dea protettrice della
città. Nel 172 a. C., il Senato romano vi mandò un'ambasceria
per espiazione di *prodigia.* Chi entrava nel golfo attraverso le
Bocche di Capri aveva cura di fare un'offerta alla dea.

M. Tenore: *Ragguagli di alcune peregrinazioni effettuate in diversi luoghi delle Provincie di Napoli e di Terra di Lavoro, nella primavera e nell'estate del 1832 Sorrento
- Amalfi,* VI pp. 206-207

Parlando di tanta vetustà, non intendiamo punto parteggiare
per l'opinione di taluni antichi nostri scrittori, che nella costiera di Sorrento cedettero di riconoscere la terra dei Ciclo-
pi, opinione che un erudito straniero riproducendo, il preciso
antro di Poliremo nella spelonca cui sovrasta l'albergo della
Cocumella gli ha fatto ravvisare. Noi concorderemo volentieri
ad un rapporto d'amore con la terra nativa le difese che vollero
il Donnarso e l'Anastasi facendo la loro città fondare da Ulisse.

Né minore indulgenza useremo verso l'erudito straniero che volle attribuirsene la scoperta. Le grazie di cui ha egli ha infiorata la sua spiritosa lettera, e la venerazione che dobbiamo all'illustre personaggio cui l'ha indirizzata, esigono che non solo gli sia menata buona questa piccola vanità, ma benanche la più grave di essersi creduto il primo a ravvisare le Sirene omeriche nelle isole oggi dette *li Galli:* la quale costa fin dal 1814 nel suo leggendario poemetto intitolato *le Sirene* ebbe dottamente dimostrato il nostro chiarissimo sig. Onofrio Gargiulli Professore di greche lettere nella Regia Università degli studii. Noi che di volo abbiam dovuto toccare queste coste per l'obbligo che ci corre di rivendicare ai patrii ingegni ciò che loro si appartiene, rimanderemo chi fosse vago di approfondirle a consultare ciò che anche prima del Gargiulli intorno al Sorrentino tempio delle Sirene hanno scritto l'*Antonini*, il *Mangone* ed altri, non che le stesse eruditissime note di cui esso poemetto è corredato, nella certezza che possono venirvi raccolte dilettevoli ed istruttive dichiarazioni.

AA. VV., *Napoli e i luoghi celebri delle sue vicinanze,* vol. II pp. 532 - 533

Sul capo poi di Sorrento, nella situazione più felice, sorgeva il tempio di Nettuno. Ivi si trovano grandi rovine appartenenti alle ville, che le circondavano. Un bagno rotondo ed assai ampio fu formato nel mentre, un'apertura lo mise in comunicazione col mare, e delle mura solide servirono per impedire le frane, e per formarvi le scole, o nicchie di riposo. Segue la villa Puolo, che si crede che si crede l'antica villa di Pollione Felice, cittadino di Pozzuoli, e celebrata da Stazio, nel *Surrentinum Pollii,* (Sil.lib.2; ma dove non si rinviene alcun rudero antico.

Indi seguiva, come si congettura, il tempio di Giove, nel

sito oggi detto vellazzano; e poi quello di Giunione, entrambi sul capo di Massa. Nel seno seguente era il tempio di Trivia; ed a s.Maria della lobra, il delubro delle Sirene.-Massa è un ridentissimo villaggio, così detto da Bebio Massa liberto di Nerone, che vi aveva una villa.

Sulla punta detta Campanella sorgeva il tempio di Minerva fondato da Ulisse. Era d'ordine dorico, e costrutto forse dalla colonia calcidese, che venne a stabilirsi sulle spiagge euboiche.

Dal promontorio ateneo, dice Strabone, *che altri chiamano delle Sirene, all'isola di Capri il tragitto è breve; quando si oltrepassa quella penisola s'incontrano alcune isolette deserte e pietrose, che si appellano le sirenuse*, (ora i Galli). *Sull'ateneo stesso, dalla parte di Sorrento, si vede il delubro delle Sirene, e gli antichi voti che vi dedicarono gli abitanti circonvicini, in venerazione di quel luogo. Qui ha fine il golfo soprannominato cratere*, (dalla sua forma di un vaso), *circoscritto da'due promontori*, (di Miseno e di Minerva), *che guardano il mezzogiorno. Tutto il golfo è ornato in parte dalle città indicate, e in parte da case, e da piantagioni, che succedendosi da vicino prendono l'aspetto di una città continuata.*

****

Capri

Risalgono probabilmente ad una fase preromana le mura così dette greche, che si intravedono ai piedi delle costruzioni moderne sorte su via Longano, alle spalle della stazione della Funicolare; ma l'età romana e in particolare i primi decenni del principato giulio-claudio hanno lasciato segni evidentissimi della funzione svolta dall'isola, in quanto stabile sede della corte imperiale tra il 27 e il 37 d.C. sì da offuscare, nella tradizione degli eruditi e dei viaggiatori, con l'immagine dell'isola di Tiberio, qualsiasi altro pur significativo momento storico da essa vissuto.

I resti di una villa di età augustea si stendono lungo la costa settentrionale, a ovest del porto, in una successione ora chiara, ora da ricostruire con pazienza tra gli edifici di "Palazzo a Mare" sorti, nel corso del tempo, al di sopra di muri in opera reticolata di calcare locale, fino alla grande esedra del ninfeo in reticolato di tufo e laterizi, affacciata sul mare che ancora si conserva nella località dei "Bagni di Tiberio". Probabilmente fu questa la residenza in cui si sarà trattenuto il primo imperatore che volle per sé, per il patrimonio imperiale l'isola, togliendola ai napoletani cui diede in cambio la ben più grande e produttiva Aenaria (Ischia), per trascorrervi pochi momenti sereni, grato del prodigio verificatosi al suo primo arrivo quando un vecchio albero di elce oramai secco, rinverdì improvvisamente.

Brevi tratti di strutture murarie difficilmente riconoscibili, cisterne trasformate in depositi, ambienti di sostruzione di una strada coperti dagli intonaci e dalle vetrine di eleganti negozi, avvicinano alla più grande delle residenze imperiali, posta sulla vetta della rupe che domina le Bocche di Capri: Villa iovis. Il nome le deriva dalla tradizione che vuole che Tiberio avesse dodici ville, ciascuna delle quali dedicata ad una divinità, e date le caratteristiche del complesso e la posizione isolata e irraggiungibile non vi era nome più adatto. La villa, ma più corretto è definirla il palazzo, si innalzava per sette piani in una struttura compatta, a pianta quadrangolare articolata intorno alle poderose cisterne che ne costituiscono il nucleo centrale. Gli ambienti di rappresentanza si trovano sul lato nord-est e terminano nella sala absidata che si apriva con ampie finestre sullo spettacolare panorama della Punta della Campanella e delle isole dei Galli; a nord erano gli ambienti residenziali affacciati sulla loggia lunga 90 metri dalla quale si coglie l'intero golfo di Napoli; mentre verso sud si trovano il settore delle cucine, e le scale per accedere agli impianti termali. Nulla rimane degli apparati decorativi e per il crollo dell'ultimo piano, quello riservato all'imperatore (nei livelli sottostanti viveva parte del seguito), e per lo spoglio dei pavimenti di marmo depredati dagli scavatori settecenteschi. L'accesso alla villa avveniva da sud ed era controllato da una torre che dominava la strada di accesso, realizzata su piloni in parte leggibili nel muro che delimita sulla destra l'ultimo tratto del viale Maiuri. A questo infaticabile scavatore si deve infatti anche l'impresa della rimessa in luce tra il 1932 e il 1936 degli oltre 27.000 mq di superficie, tra strutture murarie e parco di Villa Iovis, nella quale sono anche i resti di una struttura identificata come *specularium* dell'astronomo Trasillo o piuttosto come basamento di un faro alto 30 m, utilizzato non tanto per la navigazione quanto per le comunicazioni da e per Roma.

La permanenza della corte imperiale nell'isola provocò il sorgere di numerose residenze in varie località nonostante le difficoltà di accesso dovute alla ripidità delle sue coste. Nel territorio della odierna Anacapri, sul versante nord occidentale della costa si conoscono almeno tre prestigiose residenze di prima età imperiale: una inglobata nella villa che Axel Munthe si costruì come casa museo, e della quale si riconosce un cubicolo che conserva ancora l'intonaco dipinto; un'altra in località Damecuta, che riprende in alcuni particolari, la lunga *diaeta* e la sala absidata, elementi architettonici di villa Iovis, della quale è probabilmente coeva; e l'altra nella vicina località Gradola, solo in parte scavata e poi riseppellita, che aveva come ninfeo la Grotta Azzurra le cui pareti erano ornate dalle statue in marmo di un corteo di tritoni, rinvenute nei suoi fondali, mentre le strutture soprastanti conservano i segni del seppellimento provocato dall'eruzione vesuviana del 79 d.C.

Valeria Sanpaolo

***

AA. VV. *Napoli e i luoghi celebri delle sue vicinanze*, II pp. 556-558

Capri si rende più famosa per il soggiorno di Tiberio, che per sette anni la convertì nella metropoli del mondo. Occupato a spedire ordini di proscrizione, e di morte, vi accarezzava soltanto, e vi nutriva con le proprie mani un enorme serpente. Trasformò quelle rupi, e quelle enormi vallate, in ameni giardini, e le ricuoprì di edifizi, di fontane, e di strade. Commodo vi rilegò Crispina sua moglie, e Lucilla sua sorella. Giustiniano diè quest'isola a' monaci di S. Benedetto. Nell'868 passò in potere agli Amalfitani. Ruggiero l'unì alla monarchia, di cui seguì le vicende. Ne furono signori Eliseo Arcuccio, grande ammiraglio di Federico II svevo, e Giacomo dello stesso nome segretario di Giovanna I, che vi batté moneta col suo stemma e con quello della regina. Nel 1528 la comprava la regi curia Girolamo Pellegrino, e ne assumeva il titolo di conte. Quindi divenne regio demanio. Fu occupata per sorpresa dagl'Inglesi nel 1806; e venne loro rivolta il 6 ottobre 1806 con inauditi sforzi di valore de di ingegno da' napolitani uniti a' Francesi sotto la condotta di Lamarque, e di Thomas.

Antichità. Le ville Augusto- Tiberiane erano dodici, e prendevano il nome da' dodici Dei. La 1ª, e più ragguardevole, era quella di Giove situata sul *capo*, presso S. Maria del *soccorso*. Poco lungi sulla *punta* del *monaco*, si ergeva la torre del faro; la sua luce, diceva Stazio, era emula della luna; cadde pochi giorni prima della morte di Tiberio, ed ora se ne scorgevano gli avanzi. Seguono le rovine dell'antico *tempio* di *Mitra* nella grotta *matromania*. La 2ª villa si ergeva sul colle *tuoro- grande*; lì presso sono le rovine dell'antico portico, ora di Tragara. Segue l'*Apragopoli*, o isola degli oziosi, come la chiamò Augusto, nel presente *scoglio* di *monacone*. Altre rovine sono alla *grotta* dell'*arsenale*, ed a *mulo*. La 3ª villa si trova ad *unghia marina*. Vengono poi le *camerelle*, ov'erano forse le *sellaries* svetoniane, destinate alle sregolatezze di Tiberio, e gli avanzi creduti dell'antico *stadio*. La 4ª villa giaceva sul colle di *S. Michele*. La 5ª a *Castiglione*. Nella *valle* della *marina* sorgeva *l'antica città*, a cui appartengono i ruderi, che vi sono sparsi. La 6ª villa era nel *truglio* alla marina. Altre rovine si veggono *sopra fontana*.

Un antico sepolcro si ritrovava alla *parete*. La 7ª ad *Aiano*. Altre fabbriche si incontrano a *campo pisco*. Quindi si trovano alcuni serbatoi di acque. La 8ª villa, che conteneva i bagni, si osserva nel *palazzo a mare*. Si sale poi per una superba scalinata di 536 gradini, tagliati nel vivo sasso, alla montagna superiore. Molte rovine occupano questo territorio. La 9ª villa è a *capodimonte*. La 10ª a *timberino*. – Altri ruderi si incontrano a *viterino* ed a *pozzo*. L'11ª villa a *monticello*. La 12ª a *damecuta*.

Dalla pianura, che si estende sopra Anacapri, dovevano scendere delle strade nelle sottoposte valli, e nella marina. Se ne possono congetturare le direzioni, e gli avanzi.

Fra tutti questi ruderi si rinveggono alla giornata colonne, musaici, sculture, oggetti di ogni sorta, e marmi i più rari ci attestano la prodigiosa magnificenza, e ricchezza di questi edifizi. Sono da mentovarsi il bassorilievo di Tiberio a cavallo con una ninfa, che alzava una fiaccola nella mano; alcuni puteali scolpiti con festoni di olivo e pampini, de' vasi dipinti usciti da tombe greche, pietre incise, cammei, ed altro, da poco rinvenuti.

F. Gregorovius, *Viaggio in Puglia e in Campania* pp. 101-105

In quei tempi gli elleni costruirono nell'isola templi dei quali non vi è più traccia. Augusto si rallegrò alla vista dei giuochi ginnici dei giovani di Capri, perché alla sua epoca l'isola portava ancora impronte elleniche . Egli amava Capri. Ai napoletani, possessori di Capri, egli cedette Ischia e ricevette in cambio questa roccia dalle classiche forme. Un giorno che egli lasciò la sua nave per mettere piede sull'isola gli fu portata la notizia, di un buon augurio, che una quercia, dissecata dagli anni, era ad un tratto, ricominciata a verdeggiare.

L'imperatore ne fu così felice che decise il cambio dell'isola. L'aria balsamica, la rara bellezza delle rocce di questa isola, come il carattere greco dei suoi abitanti piacquero ad Augusto. Egli fece costruire a Capri una villa circondata da giardini. Questa casa di campagna, secondo gli archeologici, si trovava nel luogo in cui giacciono oggi le imponenti rovine della Villa di Giove, che il popolo preferisce chiamare Villa di Tiberio.

Fu senza dubbio durante gli ultimi anni della sua vita che Augusto visitò l'isola. Poco prima di morire egli vi trascorse quattro giorni lieti in compagnia di Tiberio e dell'astronomo Trasillo, secondo quanto racconta Svetonio: "Egli giunse per caso nel golfo di Pozzuoli, mentre vi approdava una nave di Alessandria. Passeggeri ed equipaggio si avvolsero in vesti bianche, si incoronarono, offrirono l'incenso, cantando le lodi all'imperatore e augurandogli salute e fortuna, dicendo che a lui dovevano vita, viaggio, libertà e beni. Questo lo rallegrò ad un punto tale che distribuì quattrocento monete d'oro ai suoi accompagnatori che dovettero giurargli di usare questo denaro solo allo scopo di acquistare merci dagli Alessandrini. Anche durante i giorni successivi egli elargì doni, toghe e pallii, ordinando ai Romani di parlare greco ed ai Greci di adottare i modi romani nel vestire e nel linguaggio. Sempre egli assisteva agli esercizi degli Efebi, un certo numero dei quali era rimasto dell'antico istituto. Offerse loro un pranzo e permise che essi scherzosamente si strappassero l'uno dalle mani dell'altro, mele, dolciumi e doni lanciati loro. E non proibì nessun divertimento. Ad un'isola vicina a Capri egli diede il nome di Aprapopoli a causa dell'ozio di coloro che lasciando il suo seguito, vi si recavano. Egli amava inoltre chiamare Ktiste, uno dei suoi favoriti di nome Masgaba, fondatore dell'isola. Ora quando scorse questo, circondata da una grande folla che portava torce, improvvisò ad alta voce questo verso greco: "Vedo arder la tomba del fondatore."

Così dicendo egli si volse verso Trasillo, l'accompagnatore di Tiberio, che egli era di fronte, chiedendogli chi era secondo lui l'autore di tale verso. Siccome questi esitava, egli ne aggiunse un secondo: *"Vedi la tomba di Masgaba, onorata dalla luce delle fiaccole?"*

Anche per questo verso egli domandò il nome dell'autore. Quello rispose solo che i versi, qualunque fosse il loro autore, erano eccellenti. Augusto allora scoppiò in una risata ed abbondò in ischerzi.

Poco dopo egli si recò a Napoli e a Nola dove morì. Questo narra Svetonio descrivendo l'ultimo soggiorno a Capri dell'imperatore. Per quanto breve sia, questa allegra descrizione del vecchio Augusto, che scherza gaiamente con gli abitanti dell'isola pure ha un certo interesse. E la sua figura umana appare doppiamente attraente per il suo contrasto col vecchio Tiberio del quale ora parleremo. La piccola isola fu per undici anni il centro del mondo. I tempi erano diventati grigi e vecchi come l'eremita di questo scoglio roccioso, e la storia del mondo si limitava ad un cupo monologo di questo terribile uomo. Il ricordo di lui vive ancora oggi nel popolo. Millenni non lo cancelleranno perché il male dura più a lungo che il bene nella memoria degli uomini. Qui chiamano Tiberio Timberio e Capri Crapi; ed ovunque si vada sull'isola, in ogni luogo si scorgono le impronte tigresche di Tiberio. Persino l'ottimo vino di Capri viene chiamato "lacrime di Tiberio", come quello del Vesuvio porta il nome di *"Lacrima Christi"*. Il prezzo di ogni lacrima versata da un uomo come Tiberio deve essere molto elevato.

Appresi a Capri una singolare credenza popolare che mi sorprese assai. Il popolo ritiene infatti che nel più profondo della montagna su cui giacciono le rovine della villa di Tiberio, si trovi la statua equestre in bronzo dell'imperatore, e che tanto lui che il suo cavallo abbiano gli occhi di diamanti. Un giovane che si sarebbe lasciato scivolare nella fessura del monte l'avrebbe scorta, perdendo però poi la traccia del luogo.

Udii questa leggenda dalla bocca di un vecchio Francescano che vive da eremita nella villa e la trovai anche nel libro su Capri scritto da Mangone. Essa ricorda quella tedesca, molto simile, dell'imperatore Barbarossa. Ma è difficile che il popolo auspichi il ritorno in vita di Tiberio.

Questi arrivò nell'isola nel 26 dopo Cristo e vi trascorse undici anni, finché, durante una breve assenza, fu strangolato a Capo Misero. Aveva trasformato l'isola in un meraviglioso parco. L e sue dodici ville dedicate alle divinità superiori, accanto ad altre magnifiche costruzioni il tutto collegato con le grandiose rocce dovevano aver dato a Capri un aspetto meraviglioso. Oggi l'isola è cosparsa di rovine e molte cose sono celate sotto la terra dei vigneti.

Quando Tiberio morì, il teatro delle sue voluttà rimase deserto. Lo splendore di Capri decadde. Narra il popolo che i Romani vennero sull'isola e demolirono i suoi edifici; se questo è vero la storia non ce lo conferma; come pure non asserta che i successori di Tiberio si recassero a Capri. Caligola vi era ancora stato con Tiberio, vi si era fatto, per la prima volta, tagliar la barba e vi aveva indossato la toga, lasciandosi istruire nella scuola di suo zio. Anche il crapulone Vitellio viveva, da giovane, a Capri.

Più tardi, ai tempi di Comodo, la sua consorte Crispina e sua sorella Licilla dovettero, secondo Dione Cassio, soffrire l'esilio in quest'isola; ed un bassorilievo trovato a Capri nel secolo scorso rappresentante le due principesse nell'atteggiamento di chi implora, conferma questa notizia.

Il regno dell'architettura rustica a volte è Capri; ad Ischia, anziché di una volta, quasi tutte le case si coprono di un tetto piano. Le coperture a volte, gli effetti scenografici di scale esterne e di archi rampanti, in villaggi ed in case isolate, si moltiplicano e variano; il piacere che queste costruzioni rustiche danno nel riguardarle è il piacere che viene da una civiltà così totale da divenire inconsapevole. Gli archeologi infatti dimostrano come l'architettura di Capri discenda senza soluzione di continuità dall'architettura romana e dalla bizantina. L'arte popolare discende sempre dall'arte colta, e la casa del contadino, in queste terre impregnate di civiltà, è una derivazione confidenziale della grande villa romana o della basilica bizantina. Il parlare di Capri mi metterebbe in imbarazzo, giacché questa splendida isola è uno dei luoghi comuni del turismo mondiale. Dovessi dire qualche cosa, anziché indugiarmi sulla bellezza dei Faraglioni nella luna, o sugli aromi inebriati che le erbe sprigionano al calore del sole, parlerei di Capri quando è abbandonata dalla folla dei visitatori estivi; quando, nei mesi morti, riaffiora il fondo patriarcale di questo popolo isolano, si odono per le strade gli zampognari che non suonano per i turisti, e si può contemplare in pace la bellezza delle vecchie case. Se evito di parlare delle isole davanti Napoli, è perché sotto il velo del turismo ciascuna è un piccolo mondo, che chiederebbe lunga sosta. I capresi sono diversi dagli abitanti di Napoli per razza e dialetto; ma, nella stessa Capri, Capri è diversa da Anacapri, ed i due comuni rivali di questo microcosmo, non parlano un dialetto comune. Rubo un periodo da uno scritto dell'architetto Pane: "La luce di Procida è assai diversa da quella di Capri; già il tono caldo e opaco del tufo è opposto a quello brillante e argenteo della roccia caprese...; al bianco, prevalente a Capri, Procida oppone i suoi rosa, i suoi gialli, e perfino l'azzurro, spesso con toni molto accesi, che ricordano le case di Pellestrina e di Burano, nella Laguna veneta". E' a mio parere, il modo di guardare capri e le altre isole, che rimangono intatte sotto i periodici passaggi di eccentricità mondane.

FONTI BIBLIOGRAFICHE

AA. VV.   *Napoli e i luoghi celebri delle sue vicinanze*, Napoli 1845 (rist. Napoli 1995).

BELOCH J.   *Campania. Storia e topografia della Napoli antica e dei suoi dintorni*, Roma 1890 (rist. Napoli 1989).

CROCE B.   *Storie leggende napoletane*, Napoli 1919 (rist. Milano 2002).

DENON V.   *Viaggio nel Regno di Napoli 1777-1778* (rist. Napoli 2001).

GREGOROVIUS F.   Passeggiate in Campania e in Puglia, in *Wanderjarhe in Italien*, 1894 (rist. Roma 1966).

MAIURI A.   *Itinerario flegreo*, in *Tenet nunc Parthenope*, Roma 1951, pp. 33 – 60, (rist. Napoli 1983).

PANVINI P.   *Il Forestiere alle antichità e curiosità naturali di Pozzuoli, Baia, Cuma e Miseno*, Napoli 1818 (rist. Napoli 1990).

PIOVENE G.   *Viaggio in Italia*, Milano 1957.

SAP (a cura di)   Breve guida aglia Scavi di Pompei, Milano 2001.

    Breve guida aglia Scavi di Pompei, Milano 2001.

TENORE M.   *Ragguagli di alcune peregrinazioni effettuate in diversi luoghii delle Provincie di Napoli e di Terra di Lavoro, nella primavera e nell'estate del 1832* in *Il progresso delle Scienze, delle lettere e delle arti, opera periodica per cura di G. R.*, vol. IV, VI, Napoli 1833.